Fazenda Esperança

Histórias que ajudam pequenos e grandes

Cecilia Fabre (Ed.)

Ana María Castanedo, Esther Rocha,
Miriam Shalkon, Letícia Tayabas e Sally Witemberg

Fazenda Esperança

Histórias que ajudam pequenos e grandes

Tradução de
Adriana Mancini Machado
Eliete do Carmo Alves Pinto

Ilustrações de JB Lazzarini

Prefácio de Cecilia Fabre

2ª Edição

EDITORIAL DIAMANTE

Belo Horizonte
2008

INSTITUTO MILTON H. ERICKSON DE BELO HORIZONTE
Rua Conde Linhares, 980 - CEP: 30380-030 - Belo Horizonte - MG
Telefax: (31) 3344-8447
E-mail: instituto@EricksonBH.com.br

TRADUÇÃO: Adriana Mancini Machado e Eliete do Carmo Alves Pinto
PROJETO GRÁFICO: José Sena dos Santos Jr.
ILUSTRAÇÕES E CAPA: JB Lazzarini
EDIÇÃO EM ESPANHOL: *La granja de la Esperança: transformando las huellas de la verguenza*
Alom Editores, S.A. De C.V., México D.F., México, 2003
(00 52 55) 8500-6161; 5593-5875

Ficha catalográfica elaborada pela Bibliotecária Ana Cristina de Vasconcellos CRB/6-505

F287

Fazenda esperança : histórias que ajudam pequenos e grandes / Ana Maria Castanedo ... [et al.] ; Cecília Fabre (Ed.) ; Tradução de Adriana Mancini Machado, Eliete do Carmo Alves Pinto ; prefácio de Cecília Fabre. – 2. ed. – Belo Horizonte : Diamante, 2008.

128 p. : il.

ISBN : 85-89351-03-3

Título original: La granja de la Esperança : transformando las huellas de la verguenza.

1. Auto-ajuda. 2. Fábulas. 3. Auto confiança. 4. Comportamento – Modificação. 5. Psicologia infantil. I. Castanedo, Ana Maria. II. Fabre, Cecília. III. Machado, Adriana Mancini. IV. Pinto, Eliete do Carmo.

CDD : 158.1

"No brincar, e somente nele, a criança e o adulto podem criar e usar toda a personalidade, e o indivíduo descobre sua pessoa somente quando se mostra criador."

D. W. Winnicott

AGRADECIMENTOS

A Ceci

Com profundo carinho e agradecimento por nos ter proporcionado este espaço lúdico de estudo e criatividade. Seus ensinamentos, doçura e entusiasmo, assim como sua convicção, fizeram com que este trabalho fosse possível.

À equipe

Há vários anos, descobrimos o enorme prazer do trabalho em grupo, o que nos tem permitido aprender, crescer e nos superar, tanto pessoal como profissionalmente, num clima de afeto e amizade; compartilhando interesses e enriquecendo-nos através das diferenças. Obrigada pelos momentos compartilhados, pelas risadas, pelas brincadeiras e pelos momentos difíceis nos quais cada uma contribuiu com tantas coisas valiosas.

A José Paradisi Rangel

Pela sua generosa colaboração na realização das ilustrações deste livro, em sua versão em espanhol. Seu talento e disposição foram de grande ajuda.

A Tere

Seu exemplo e interesse nos acompanharam, sua assessoria no processo de publicação foi de um valor incalculável. OBRIGADA!

Aos nossos núcleos de vergonha, culpa, inibição, medo, que nos levaram a ter consciência de sua existência e a buscar ferramentas para sermos melhores.

Ana Castanedo
Esther Rocha
Miriam Shalkow
Letícia Tayabas
Sally Witemberg

Quero agradecer à VIDA que me dá a oportunidade de crescer e aprender com ela, de estar aqui para compartilhar com vocês um pouquinho da minha...

Agradeço a Rodolfo, com todo meu amor, todo seu carinho, sua ternura e seu apoio, sempre compartilhando comigo cada momento de minha vida.

Agradeço aos meus três filhos, Rodolfo, Ana Ceci e Aranzazu, que têm sido minha inspiração para escrever este livro, compartilhando comigo sua maneira fácil e bonita de viver a vida, de aproveitar cada experiência, cada momento, sempre aprendendo, em seu caminho pela vida, crescendo. Obrigada por seu eterno sorriso e seu amor.

Também agradeço à minha mãe todo seu carinho, seu apoio e seus ensinamentos, que me permitem desfrutar a vida, e ao meu pai que sempre me convidou a criar sonhando. Obrigada aos dois.

Gostaria de agradecer especialmente às minhas cinco colegas e amigas, Ana, Esther, Lety, Miriam e Sally, por acreditarem em minhas idéias e se animarem em construir junto comigo este maravilhoso sonho, “escrever um livro terapêutico hipnótico” que sirva a todas as pessoas, pequenas e grandes, a todo aquele que quiser ficar melhor na vida. Sempre com grande entusiasmo e entrega, escrevendo e reescrevendo, construindo e reconstruindo idéias... pensamentos... vivências... emoções...

Agradeço cada linha, cada parágrafo, de cada história, que formam o livro *Fazenda Esperança*.

Obrigada por aceitarem construir comigo este sonho.

CECILIA FABRE R.

ÍNDICE

PRÓLOGO

Fazenda Esperança é um livro de histórias terapêuticas, para crianças e adultos, um livro de psicoterapia ericksoniana, aparentemente muito simples, mas construído, tecido através de uma complexa rede de intervenções, padrões de linguagem e níveis de significados.

A Psicoterapia Ericksoniana chama-se assim em homenagem a Milton H. Erickson, psiquiatra americano que é considerado o pai do que, atualmente, se conhece como psicoterapias breves.

Ele propunha que "a terapia é parte da vida", que "o problema é as pessoas terem que ir à terapia e a solução, que deixem de ir à terapia o mais rápido possível". *Fazenda Esperança*, como todos os livros da série de auto-ajuda do Editorial Diamante, tem como Missão levar a terapia à vida de cada leitor, leitora, para que não tenha que ir à terapia ou, se for, que seja mais breve possível.

Este livro é, provavelmente, o primeiro em seu gênero em espanhol e em português. Existem livros que são, por exemplo, uma recompilação de contos terapêuticos como *Minha voz irá contigo, os contos didáticos de Milton H. Erickson*, de Sidney Rosen, mas estes contos não são escritos ou apresentados para que o leitor trabalhe com ele mesmo. Existem outros livros que têm como objetivo produzir mudanças no leitor, como os da série de *Histórias para aquecer o coração*. Entretanto, o que *Fazenda Esperança* nos traz de diferente é que está escrito com técnicas de sugestão ericksonianas e inclui exercícios que Amanda, a cadelinha protagonista do livro, faz com os habitantes da fazenda e com o leitor, quando os lê.

É, para mim, uma honra fazer o prólogo deste livro. Faço-o com muito orgulho e muito carinho. Cecilia Fabre, além de ser minha filha, é a diretora do Instituto Milton H. Erickson de Cuernavaca, fez parte do primeiro grupo de alunos a quem comecei a ensinar estas técnicas em 1987. Neste grupo, participavam também: Íris Corzo, Elizabeth Méndez, Jorge Abia, Juan Antonio de la Mora, Ethel Grajeda, dentre outros. Três deles, Jorge, Juan Antonio e Cecilia, dirigem, atualmente, institutos ericksonianos. Íris tem sido professora de muitos terapeutas, primeiro colaborando comigo e, agora, por sua conta.

As autoras, Ana María Castanedo, Ester Rocha, Miriam Shalkon, Leticia Tayabas e Sally Witemberg, além de serem terapeutas de família, são alunas do Instituto Milton H. Erickson de Cuernavaca, isto é, parte da terceira geração de ericksonianos mexicanos e já estão dando uma contribuição tão importante como esta: um livro de auto-ajuda que é terapêutico!

Fazenda Esperança, histórias que ajudam pequenos e grandes é uma contribuição que se une aos esforços de muitos ericksonianos latino-americanos para construir uma psicoterapia ericksoniana, adaptada a nossa cultura e a nossas tradições.

Estou certa de que ajudará muitas pessoas a transformar os bloqueios causados pela sua vergonha, culpa, inibição, medo, e a viver desfrutando a vida, com paz interior.

TERESA ROBLES,
Centro Ericksoniano do México, A. C.

APRESENTAÇÃO À EDIÇÃO BRASILEIRA

Sempre que eu pego um novo livro para ler, primeiro eu leio o prólogo, prefácio, dou uma olhada no livro até o final, lendo os títulos e alguns pequenos pedaços no meio. Assim eu fiz com *Fazenda Esperança, histórias que ajudam pequenos e grandes*. E nesse primeiro momento, achei que o livro, como era sugerido pela colega e amiga Cecilia Fabre, poderia até ajudar adultos, ou melhor, gente grande, mas que seria também apropriado para ser utilizado com gente pequena. Um livro de fábulas, com histórias simples do dia a dia de uma fazenda, e até com desenhos, me parecia bastante apropriado para crianças.

Achei que valia a pena ler o livro, pois este poderia ser um bom instrumento de trabalho para mim e para nossos alunos no Instituto Milton H. Erickson de Belo Horizonte. Além disso, trabalho com grupos de Orientação de Pais, e sempre é bom encontrar um livro que seja adequado para os pais lerem para os filhos, pois essa é uma maneira bastante saudável de interação entre eles.

E qual não foi minha surpresa quando percebi que fui tocada pela leitura. Não sei dizer ao certo quanto e como fui tocada. Mas sei que estava em uma fase bastante exigente e agitada profissionalmente, e foi uma agradável surpresa perceber que fiquei muito segura, calma, confiante e tranqüila. Podia perceber claramente que eu estava lidando de forma mais saudável com as situações que antes me traziam tensão e ansiedade.

O fato de uma história poder ajudar e transformar as nossas vidas não é nenhuma novidade. Desde muito tempo, sabemos dos efeitos de se ouvir e ler uma boa história. Em várias culturas, em várias épocas diferentes, como no cristianismo, em culturas orientais, e até em culturas pré-hispânicas na América Latina, temos registros sobre as histórias sendo usadas como caminho para promover o crescimento e desenvolvimento pessoal. Milton H. Erickson, um grande psicoterapeuta do século XX, trouxe e aperfeiçoou essa técnica para a psicoterapia. Desenvolveu uma comunicação mais precisa, envolvente e efetiva. Esse estilo de comunicação é o que as autoras utilizaram ao elaborar e escrever este livro. E elas fizeram isso com tal maestria que eu posso afirmar que as histórias presentes aqui foram trabalhadas e lapidadas com muita atenção e carinho.

Eu o convido, agora, a ler *Fazenda Esperança*. Leia e releia as histórias despreocupadamente, curioso, curiosa para descobrir o que se transforma em você, deixando que se resolva o que precisa ser resolvido.

ANGELA COTA GUIMARÃES MENDONÇA
Instituto Milton H. Erickson de Belo Horizonte

RECOMENDAÇÕES PARA A LEITURA DO LIVRO QUANDO UM ADULTO O FAZ PARA UMA CRIANÇA

Este livro é escrito com histórias sobre animais que falam e vivem uma constante interação, como nas fábulas que tanto encantam as crianças e até mesmo a nós adultos.

No caso das crianças, as histórias aqui contidas podem ter um efeito maior quando são lidas para elas. As histórias têm o objetivo de ajudar as pessoas a elaborar dificuldades e situações cotidianas. Quando escutamos as histórias, temos a oportunidade de associar o relato à nossa vida, de uma maneira indireta e protegida, e começamos, dentro de nós, a trabalhar para buscar soluções. Além de a história ouvida poder ter um impacto diferente da história lida, o ato de ler para a criança é uma forma de contato, de interação saudável com ela. Esse contato é uma forma muito interessante de estar presente na vida da criança, dando-lhe a atenção que é tão importante nessa fase da vida.

Abaixo, colocamos algumas recomendações que merecem atenção quando um adulto faz a leitura do livro para uma criança:

1. Recomenda-se ler as histórias em ambiente de tranqüilidade e carinho.

2. É bastante interessante que se leia apenas uma história por vez. A parte do livro que deve ser lida são as histórias sobre a Fazenda Esperança. O *Prefácio* e o *Apêndice – Como está estruturado este livro* não devem ser lidos para a criança.

3. As histórias podem ser lidas à noite, na cama, antes de dormir. E mesmo que a criança durma, deve-se terminar a leitura.

4. As histórias podem ser lidas também durante o dia, pela mãe, pelo pai em casa, pelo(a) professor(a) na escola, ou pelo(a) psicólogo(a) no consultório.

5. Tanto no caso da leitura à noite quando a criança estiver deitada para dormir como na leitura feita durante o dia, pode ser bom para uma maior elaboração da história que a criança colora os desenhos do livro ou, também, faça novos desenhos. No caso de estar deitada para dormir, poderá colorir e/ou desenhar no dia seguinte ou em outro dia.

6. Quando estiver lendo, fique atento às mudanças de letra, buscando ler com mais ênfase as palavras que estiverem em negrito, e mais pausadamente o que estiver em itálico. Essas palavras trazem mensagens importantes para a criança e para o leitor.

7. Se possível, mantenha a leitura das histórias no mesmo ambiente e situação, nos próximos encontros com a criança.

8. A pessoa que vai fazer a leitura para a criança deve já ter lido o livro, estando especialmente familiarizada com a história que for ler naquele dia.

9. Se a criança pedir que lhe seja repetida uma história, no encontro seguinte, é recomendável atendê-la, pois essa repetição pode ser necessária para a elaboração e

aprendizagem do que for necessário por parte da criança. De qualquer forma, a repetição será saudável para a criança. Vale acrescentar que a leitura do livro completo pode ser repetida várias vezes para a criança, sendo essa repetição ainda mais interessante quanto mais nova for a criança.

10. Algumas crianças podem não conseguir resolver seus problemas e dificuldades somente ouvindo essas histórias. O tempo e a forma como se dá a elaboração do conteúdo das histórias varia de pessoa para pessoa, de criança para criança. Os resultados podem vir passo a passo, em situações e formas às vezes inesperadas para nós adultos. Assim, caso esteja lendo as histórias com o objetivo de que a criança resolva um problema específico, deixe que a criança trabalhe o conteúdo no seu tempo e acompanhe. Se julgar necessário, procure uma psicoterapia, que em muitos casos é interessante e necessária.

Você encontrará no Apêndice informações de como o livro está organizado e sobre o que está sendo trabalhado em cada história, informações essas que podem ser muito interessantes para quem for ler para a criança.

PREFÁCIO

Fazenda Esperança, ao ser escrito em forma de fábula, permite que tanto adultos como crianças se conectem com vivências passadas, de uma maneira segura e protegida, permitindo que os problemas sejam deixados à distância, enquanto são resolvidos internamente. Isto se dá devido ao fato das personagens serem animais, permitindo maior clareza e manuseio da situação por parte do leitor, evitando dor, tensão ou angústia.

As histórias abrem a porta para uma compreensão diferente dos problemas e, portanto, abrem opções. As dificuldades diárias se transformam em problemas por falta de opções. *Fazenda Esperança* lhe ajuda a encontrar e examinar outras opções.

Nós, como psicoterapeutas ericksonianas, procuramos abrir portas, caminhos mais saudáveis, buscando conhecer e reconhecer nossos recursos, aprendendo a utilizá-los. Isso possibilita encontrar outros caminhos, às vezes mais simples do que pensávamos, e, a partir disto, viver a solução do problema. Esta solução pode, simplesmente, ser o ato de olhar o problema de outra perspectiva e utilizá-lo como oportunidade para crescer. Tudo isto de acordo com a abordagem proposta por Milton H. Erickson, dentro de um referencial de aprendizagem indireta e interna porque é uma maneira segura e mais confortável de entrar em contato com nossas emoções e nossas experiências de vida.

Parece-nos importante destacar que, com esse referencial, procura-se olhar o mundo interno das vivências e dos símbolos para, a partir daí, mudar de dentro para fora a visão da realidade e as interações.

O ler uma história já é, por si só, uma experiência interna, porque nos convida a imaginar e a nos colocar em cena e, inclusive, vivê-la.

Quando lemos uma história interessante, começamos a imaginar tudo o que está acontecendo aí, olhamos ao redor, as personagens. Podemos, inclusive, imaginar as cores e os aromas do lugar em que a história acontece. Cada um imagina e vê segundo suas lembranças, suas aprendizagens, suas vivências. Se, além disso, a história se adapta às necessidades de cada leitor e permite que cada um descubra e aprenda o que é importante para ele nesse momento, muito melhor. E melhor ainda se esta história nos permite olhar de outra perspectiva uma mesma situação, permitindo uma mudança de visão e, portanto, uma adaptação mais saudável e uma melhor relação com o que está ao redor.

Nós, seres humanos, vivemos muitos momentos de internalização ao longo do dia. Esses momentos são denominados transe natural. Assim, alternamos diferentes estados de consciência. Vulgarmente, diríamos que estamos sonhando acordados.

Sabemos que os sonhos são reparadores, que o inconsciente os faz emergir com o objetivo de acomodar nossas emoções. Enquanto estamos imaginando, abrindo a porta ao inconsciente, de maneira protegida, *Fazenda Esperança* nos presenteia com a oportunidade de entrar em contato com nossas emoções e de acomodá-las saudavelmente.

Para alcançar esse objetivo, esse livro foi escrito com muito cuidado, carinho e atenção. As histórias e o seu desenrolar, as interações entre os personagens, a apresentação do problema e a resolução do mesmo são escritos de uma forma positiva, facilitando a identificação e associação com nossos problemas pessoais, e, conseqüentemente, com sua solução. O estilo de apresentação dos ambientes e de seus personagens busca aumentar o envolvimento do leitor com a história, proporcionando uma maior absorção nesse mundo interno, e, assim, uma maneira protegida de entrar em contato com as emoções e renová-las saudavelmente.

Além disso, é possível identificar algumas mensagens a mais dentro de cada história. Através de mudanças de letras, sejam itálico, negrito ou com o aumento do tamanho, são passadas ao leitor várias mensagens, que podem ser vistas como um pequeno livro dentro do livro. Se o leitor quiser, pode ler essa parte do livro separadamente, mas a simples leitura normal do texto é suficiente para que essas mensagens sejam compreendidas e trabalhadas de forma automática.

Como você deve ter percebido, este é um livro especial para você, assim como para nós. Talvez, agora, aí na sua cabeça, você esteja se perguntando: como um livro de histórias pode transformar o que sinto? Como se dá este processo consciente e inconsciente? O que devo esperar a partir de agora? Vai acontecer algo diferente na minha maneira de viver a vida? Resolverei meus medos, inibição, culpa?

Abaixo, você encontrará algumas explicações teóricas sobre isso, mas algumas respostas você vai encontrando em sua vida diária, à medida em que você vai lendo o livro. É importante ressaltar que a maneira como cada pessoa usufrirá da leitura é diferente. O tempo, a forma e a intensidade das mudanças que podem ocorrer variam de pessoa para pessoa. Por enquanto, você pode começar a ficar curioso sobre o que vai acontecer com você, e desfrutar o ato de descobrir tudo o que estiver se transformando em você.

Você não precisa fazer esforço algum. Você pode somente manter-se atento, atenta, e com disposição para descobrir hoje como você vai se renovando. Quando menos imaginar, você vai se descobrir diferente, convivendo, saudavelmente, com os demais, consigo mesmo, consigo mesma, com a vida, com suas emoções.

Talvez seja importante para você saber que este livro é especial, entre outras coisas, porque, além de ter histórias ricas, é um livro terapêutico, de trabalho pessoal, escrito de tal maneira que lhe conecta com suas vivências mais íntimas e mais profundas. Ao ir lendo, você é levado, de uma forma segura e muito protegida, a resolver questões comuns a todos os seres humanos, mas individual e pessoalmente vividas por você. Você vai descobrindo e trabalhando aprendizagens culturais, que, ao serem guardadas em seu interior, produzem um emaranhado de emoções que bloqueiam nosso êxito em diferentes momentos. Este emaranhado de emoções é a muito conhecida e renomada vergonha, que, no contexto desse livro, representa a inibição de um comportamento, muitas vezes causada por culpa ou medo.

Acredito que este livro pode ser útil a todas as pessoas. Afinal, quem nunca ficou paralisado ou bloqueado por vergonha ou medo, em alguma situação?

---

1. N.E.: Em espanhol, vergonha é um termo mais abrangente do que em português, que corresponde a uma emoção que inibe e incapacita, alcançando, muitas vezes, níveis patológicos.

A vergonha se constrói a partir de se ter vivido situações de vida onde não fomos aceitos como pessoas completas, situações em que as pessoas não só julgaram o que foi feito, mas nos julgaram e nos rotularam. Nesse momento, concluímos que éramos "isto" porque, segundo "as regras" sociais, culturais ou de nossa família, não estávamos atuando como devíamos atuar ou "sendo" como devíamos "ser". A partir daí, fizemos uma descrição de nossa pessoa e a fundimos à nossa identidade. Desde então, se nosso atuar sai do esperado em nosso grupo social, sentimos vergonha, e a vivemos como uma humilhação, tão dolorosa, tão profunda... como uma sensação de estar completamente diminuído, diminuída, quase que um idiota. A gente tem vontade de desaparecer, sumir, nesse exato momento.

Merle A. Fossum e Marilyn J. Mason (1989), em seu livro *La vergüenza. Como enfrentarla y resolverla*, nos dizem que a vergonha é a experiência interna de ser menosprezado pelo grupo social no qual estamos inseridos.

Nosso grupo social mais próximo é nossa família. Se pensarmos de quem buscamos aprovação quando novos, seria de nossos pais. Nossa sociedade nos diria "não só você deve obedecer a seus pais, mas deverá viver de acordo com a expectativa que eles têm em relação a você", o que é bastante difícil, para não dizer impossível. Por isso, a vergonha surge em cada um. É algo com o qual temos aprendido a viver desde o momento em que percebemos que não temos conseguido ser aquilo que queremos que os outros acreditem que somos.

Por isso, é muito interessante a possibilidade de estar transformando e resolvendo a vergonha a partir da leitura do livro.

Por um lado, estará lhe ajudando a se sentir mais livre, a reduzir sua dependência emocional. Você aprenderá a se ver e a se valorizar a partir de seus próprios olhos e isto o ajudará a reconstruir sua verdadeira identidade e a fortalecê-la. E talvez comece a se perguntar, quem sou eu, que habilidades tenho, quais são meus recursos internos e o que quero. Você pode começar a se descobrir diferente. Quando conseguimos separar nossos olhos dos olhos dos outros, reconhecendo nossas forças e habilidades, o autodesprezo que sentíamos por nós mesmos, que até agora mantinha o sentimento de vergonha, desaparece.

Este livro lhe dá a oportunidade de descobrir e acomodar alguns dos aspectos que sua própria vergonha construiu em você. Também o acompanha em seu caminho de ir descobrindo aspectos de si mesmo que estavam aí, mas que não reconhecia. Isto lhe permitirá ter novas formas, mais saudáveis, de reagir diante de situações que antes lhe provocavam vergonha e faziam você atuar inadequadamente.

Acreditamos, como Milton H. Erickson, que todos nós, seres humanos, tendemos ao crescimento e à saúde e que todos temos dentro de nós os recursos necessários para resolver qualquer situação que a vida nos apresente. Esses recursos são nossas experiências, cada momento vivido que nos dá a possibilidade de aprender algo novo. Temos, além disso, mecanismos naturais para nos ajudar a transformar as experiências de vida em aprendizagens.

Quando alguém aprende a partir de alguma dificuldade, essa aprendizagem se converte em uma ferramenta para resolver situações similares no futuro ou, talvez até, para evitar que aconteçam.

Nós, seres humanos, temos a capacidade de aprender não só em um nível lógico e racional, como também em um nível emocional. Estas aprendizagens são importantíssimas em nossa vida diária. Entretanto, nem sempre podemos aproveitá-las, porque ainda não aprendemos a manejar nossas emoções de maneira saudável.

Fazenda Esperança põe você em contato com seus próprios recursos e os ativa para resolver seus bloqueios, ajudando-o a criar novas ferramentas para caminhar na vida com sucesso.

Para nós, o sucesso vai mais além do material, do visível. O que é produzido no exterior é conseqüência do que já se deu no interior. O sucesso é uma conquista diária, é ir aprendendo, é se atrever a sentir, a conhecer e a viver, implica numa aprendizagem contínua, que não pára. A realidade que construímos em nosso interior, em nossa imaginação, se projeta no exterior, porque vivemos, sentimos e atuamos em função do que vamos construindo em nosso interior. Hoje, convidamos você a continuar aprendendo, vivendo e sentindo, através deste livro, que o ajudará a ir construindo realidades internas mais saudáveis em seu Ser, realidades que, automaticamente, são expressas em seu sentir e em seu atuar na sua vida diária.

Com este livro, pretendemos que você, assim como outros leitores, possam reconhecer e identificar situações de vida que lhes faziam sentir envergonhados, pouco valorizados, e que os tenham levado a se sentir mal consigo mesmos. Pretendemos que, a partir de agora, nessas situações, vocês descubram o outro lado da moeda, seu valor como seres humanos, dignos de admiração, confiança e amor.

Toda experiência de vida tem dois lados, às vezes, limitamo-nos a olhar só um, em geral o que nos faz sentir pior, sobretudo se crescemos numa cultura que valoriza o sofrimento como virtude ou como forma de ser bom, em uma família que também aprendeu a sentir vergonha por serem quem eram.

Felizmente, isto é somente uma aprendizagem que nos faz construir uma falsa identidade ou uma identidade pela metade, mas que podemos resolver, reaprendendo. Descobrir sua força em cada situação, reconhecer que está vivo porque é capaz de fazê-lo e aprender e desenvolver capacidades a partir de cada momento vivido, ajuda a se descobrir diferente, completando seu Ser, sua verdadeira identidade em todos seus aspectos.

Quando se acumula demasiado afeto negativo (desilusão, vergonha) em uma situação de vida, certos acontecimentos importantes que formam o orgulho, no bom sentido, são bloqueados da memória e podem produzir uma incapacidade para aprender a partir da experiência. Por isso, trabalhar com situações difíceis e limpá-las desses afetos negativos, ajudam-nos a olhar com clareza outros aspectos de nossa pessoa e nos engrandecem.

Ao reconhecer em sua história suas realizações, você acaba com seus sentimentos de vergonha, desilusão e culpa e resgata seu orgulho.

Agora que você sabe o cuidado, o carinho e a atenção que tivemos ao preparar este livro, esperamos que você aprecie as histórias que seguem e que desfrute os aprendizados que elas podem lhe proporcionar.

Cecilia Fabre

INTRODUÇÃO

Este é um livro muito especial que já tem um espaço em nós, autoras, e, agora, em você que o tem em suas mãos, que o está sentindo e que *começa a ler ou a escutar, cada palavra, cada frase, cada linha que estamos escrevendo para você*, que é especial aqui, tenha você a idade que tiver.

Quando você lê um livro, um conto, *transforma-se, aprende* coisas novas, cresce, pode olhar, de outro ângulo, as situações, a vida; vá *aprendendo, continue crescendo*, enquanto continua lendo, escutando frases, palavras, que vão *conectando-lhe* com suas lembranças, com suas reflexões, com suas sensações, *com o que corresponde a você neste momento.*

Você se lembra de alguma história de sua infância?

Justo agora, estou me lembrando a do "Patinho Feio", lembra-se dele? Ainda que pareça curioso, esse patinho nos traz até este momento, exatamente aqui para este livro. Fez-nos conectar muito dentro de nós mesmas e descobrir ***isso que*** você vai descobrir agora. Esse patinho, que ***acreditava ser*** um pato feio, porque lhe diziam isso, foi um grande pato, ninguém, nem ele mesmo sabia quão formoso era. ***Mas...*** um dia... ao se olhar num espelho d'água...***SURPRESA!*** Descobriu que, na verdade, era um belo cisne, e disse: ***"sou tão belo como os outros".*** Neste exato instante, aconteceu ***algo*** mágico, que ***mudou*** seus sentimentos. Viu seu reflexo, descobrindo quem era, na verdade, completo, ***enquanto escutava***, olhando, sentindo, imaginando, nesse espelho...

... parecido ao que tem em suas mãos... um espelho de papel... no qual *já está* olhando, escutando, procurando, recordando, imaginando quem é na verdade, *descobrindo* sua riqueza, *sua beleza...*

Vamos, *vá em frente...*, siga lendo confortavelmente. Você poderá entrar *em contato com você mesmo, você mesma de uma maneira diferente... confortável... segura...*, olhando, escutando, como você pode já estar fazendo, agora, enquanto continua lendo...

Agora, você *já está na* Fazenda *Esperança,* lendo-a, começando a transformar os bloqueios da vergonha, culpa, inibição, medo, *crescendo...* aprendendo... *saudavelmente...* o que você precisa agora... para descobrir sua beleza interior...

Convidamos-lhe a passar de página... e que continue... *até onde quiser...* confortavelmente, lendo, escutando... cada história... cada conto... que Amanda, a cadela guardiã da fazenda, compartilha com você... *enquanto você continua* lendo, escutando... imaginando... *recordando...* aprendendo... desfrutando... confortavelmente desta experiência...

CECILIA FABRE

FAZENDA ESPERANÇA
RELATOS DE AMANDA

Miriam Shalkow

Querido leitor, leitora:

Meu nome é Amanda, sou a cadela guardiã da Fazenda Esperança. Há muito tempo vivo aqui, desde que era um filhote. Por isso conheço este belo lugar, assim como a todos seus habitantes e suas histórias. *Tenho tanto para contar!* E agora que você tem este livro em suas mãos, quero *compartilhar com você* tudo isto que tenho aprendido.

Primeiro, quero lhe contar como é este lugar, que quase posso percorrer com os olhos fechados. Cheguei aqui, um dia pela manhã, era época de crescimento e todo o campo estava verde, ***crescendo e amadurecendo***.

As árvores estavam carregadas de flores e frutas, toda a fazenda estava cheia de diferentes cheiros que eu ainda não conhecia. ***Lembro-me*** de tudo ***perfeitamente***, a casa pintada de branco, com seu teto vermelho, parece ***um lugar seguro***, com suas janelas enfeitadas com umas lindas cortinas e flores vermelhas, amarelas e roxas.

Próximo está o lago, cheio de peixinhos de cores vivas, que saltam alegremente entre as pedras. No centro, há uma pedra, grande, onde as tartarugas ficam tomando sol. Entre elas, está Anita, ***que*** ainda é pequena, mas já tem um casco duro marrom com manchas amarelas, e este casco a ***protege confortavelmente***. Também estão os patos e gansos, que fazem muito barulho e sacodem suas penas no ar. Pedro, o pato, gosta de conversar comigo e contar-me coisas.

Vamos, acompanhe-me ao outro lado da casa. *Aí* está uma montanha, que mesmo não sendo muito alta, é muito bonita e no topo está minha árvore favorita. É uma árvore grande e forte, com suas raízes bem plantadas na terra. Durante a tarde, com seus grandes galhos estendidos, faz uma sombra muito agradável, onde ***gosto de*** descansar e ***ver*** a paisagem tão bela ***dessa distância***, desse lugar ***confortável***, ***desse lugar seguro***.

Na parte de trás, encontra-se o estábulo com os cavalos e potrinhos brincando entre os fardos de feno, ***aprendendo*** a se mover ***bem***. Também há um celeiro, grande e fresco, com portas fortes, onde são guardadas as batatas, os grãos, os ovos, o leite, o queijo e todos os produtos da fazenda. Aí, há um lugar onde dormem as vacas e os bezerrinhos. Aí, vive outro de meus amigos: Vicente, um potro muito bonito ainda que um pouco tímido.

No galinheiro, às vezes, flutuam as penas das aves, ***suavemente***, e se escuta o canto do galo muito cedo pela manhã, quando aparecem os primeiros raios de sol iluminando a redondeza, e fazendo com que este mundo comece a despertar, ***muito contente***.

O chiqueiro está aí ao lado, com os porquinhos que correm e gritam alegremente, perseguindo uns aos outros, ***esperando*** sua comida. Enquanto os raios de sol vão caindo e iluminando tudo, pode-se ***descobrir*** este formoso espetáculo.

Eu gosto de acordar cedo, pois sou alegre e curiosa e gosto de andar por todos os lados. Da cozinha da Fazenda ***Esperança***, começa a sair um cheiro de pão fresco, que desperta todos os habitantes que estão ainda meio dormindo e, com estes cheiros suaves e agradáveis, começam a sentir sua necessidade, ***que pede para*** ser satisfeita.

Não é mesmo um lugar muito bonito e gostoso de se ***estar***? Você pode imaginá-lo? Pois ***diariamente*** neste lugar acontecem muitas coisas e, sabe, vou lhe contar um segredo: muitas vezes, ponho-me a recordar, recuperando as imagens, as lembranças aprendidas, recordadas e esquecidas ***em mim***, ***e*** isso ***me ajuda a me sentir bem***, e ajuda aos outros animais da fazenda a aprender a acomodar algumas coisas dentro de si. E você pode nos acompanhar...

BRANQUINHA É MAIS DO QUE SOMENTE BONITA

Miriam Shalkow

Deixe-me contar-lhe: outro dia, enquanto descansava ***tranqüilamente*** debaixo da sombra da árvore, pensava... "como ***estou*** satisfeita esta tarde..." Enquanto o tempo passava, continuava ***desfrutando, aproveitando*** a agradável temperatura ***do momento***. Tudo seguia ***calmamente*** e, desse lugar, eu podia ver os outros animais saboreando seus alimentos e escutar o cantar dos passarinhos e o coaxar das rãs.

Esse dia tinha sido particularmente emocionante, pois tinham nascido dois bezerrinhos e um potrinho e eu tinha ficado correndo de um lado a outro, tentando não perder nenhum detalhe dos acontecimentos.

Os nascimentos sempre me emocionam e, hoje, deitada nesta relva fresca, sentindo os últimos raios do sol, aquecendo ***agradavelmente***, ***começaram a aparecer*** imagens, enquanto eu, ***confortavelmente***, escutava o movimento da água, em seu constante ir e vir. Enquanto observava ***à distância***, meus olhos começaram a se fechar e, assim, enquanto descanso, me vêm ***imagens e lembranças de*** outros momentos, outros nascimentos, ***outras histórias***...

Já estava pronta para adormecer, ***lembrando***, quando ouvi alguém chorar. Levantei-me rapidamente e, seguindo um pressentimento, fui para a parte de trás do curral de onde vinha o som.

Aí estava Branquinha, a ovelhinha, ***protegida*** entre os fardos de feno. Ao me ver, tentou rapidamente esconder suas lágrimas, fingindo que tinha entrado um feno no olho.

– Por que está chorando? – perguntei suavemente.

– Não estou chorando! – respondeu Branquinha, movendo sua cabeça.

– *Sabe que*, para mim, *você pode contar o que está acontecendo, com confiança.*

Branquinha levantou graciosamente seus olhos grandes e negros e ficou me olhando. Sabia que era sua amiga, mas não se atrevia a me dizer o que estava acontecendo. Sentia-se muito mal, mas não conseguia me contar.

– Não vai entender! – disse. – Além disso, minha mãe disse que, como sou muito inteligente, posso resolver tudo.

Entretanto, já tinha chegado até aqui e sabia que ***hoje*** algo mudaria.

Mas insistiu:

– Deixe-me ***em paz*** e vá ver esse cavalo feio que nasceu hoje.

– Bom, se depois quiser conversar comigo, ***já*** sabe onde ***estou*** – disse-lhe.

Não tinha sido um bom dia para Branquinha. Lipe e Bebel tinham zombado dela, porque não quis brincar no charco de lama. Mas como podia sujar seus cachos brancos que sua mãe havia penteado tão bonito? Ela era uma ovelhinha de concurso, foi o que lhe disse sua mãe essa manhã, enquanto se banhava.

E Zeca, o cachorrinho, que sempre corria com ela pelo campo, foi brincar com os outros no lago e lhe disse que ela era metida.

Sentia-se tão triste! Por que não gostavam dela? Chorando, deitou-se sobre a relva fresca, tinha anoitecido e o céu tinha se iluminado de estrelas. Já *começa a sentir* uma brisa fresca, movendo suavemente seus cachos e balançando levemente as árvores. Escutava os sons dos animais que se preparavam para dormir, sentindo *sua respiração*, o ar que entrava e saía suavemente. *Pouco a pouco*, tranqüilizou-se. Sentia seus olhos pesados... "não quero me mover, ***estou muito bem*** aqui..." Começou a dormir e, num instante, estava ***sonhando***...

O grande dia havia chegado: "***estou*** muito ***feliz!***" Muito limpa e penteada, com um laço no pescoço, era levada ***por fim*** para concorrer. Tudo era movimento ao chegar no lugar, ***coisas novas*** e desconhecidas para ela chamavam sua atenção. Tinha vontade de sair correndo para ver tantas coisas tão ***bonitas***. Mas tinha que ser uma ovelhinha bem comportada, se queria ganhar.

Puseram-na em um curral cheio de muitas outras *como* ela, como *você*, nervosas e assustadas.

Como gostaria que seus amigos da fazenda estivessem aqui! O que estariam fazendo?

Em seu sonho, ***podia ver*** Mateus ronronando suavemente, estava tentando pegar um peixe na beira do lago e a Anita, a tartaruga, com seu grande casco, *avançando firmemente* para subir sobre a pedra e Pedro nadando rapidamente, convidando a todos para entrar na água. Como sentia falta deles! Sentia-se tão bem ao se lembrar dos ***momentos prazerosos***...

Acordou com os primeiros raios de sol e o forte canto do galo. Abriu seus grandes olhos sem saber onde estava. Lembrou-se de seu sonho e *sentindo-se feliz*, começou a se esticar suavemente.

Correu para procurar seus amigos, mas ainda não tinham se levantado. Encontrou-me já passeando por todos os lados.

– Bom dia, Branquinha, que bom ver você tão contente. A que se deve a mudança?

– Ah, Amanda, quero lhe contar um sonho muito estranho que tive à noite: finalmente, eu ***estou*** no concurso ***onde*** sempre ***quero estar***. Mesmo que a princípio estivesse nervosa, em seguida me sinto muito bem. Depois já não gostava, queria estar com meus amigos e brincar e fazer muitas coisas. Se eu contar isso para minha mãe, ela vai se aborrecer, não lhe diga nada!

Comecei a rir e Branquinha me olhava sem entender.

– Por que está zombando?

– Não estou zombando, eu gostei de escutar o que você disse. Vem se sentar aqui comigo e vou lhe contar algo.

Escuta com muita atenção: "... os desejos bonitos que sonhamos, podem se tornar realidade e estão sendo construídos, de dentro de você, para que, pouco a pouco, e antes do que às vezes você pensa, aconteçam em sua vida".

Olha, Branquinha, algumas vezes, aborrecemo-nos ou nos assustamos ao sentir que não somos suficientemente bons ou capazes de fazer algumas coisas que nossos pais e outras pessoas esperam de nós. Então, *você pode perceber* como *ao sonhar, está se preparando* lá dentro de você, *aprendendo como ter tranqüilidade e segurança.*

Quando estamos ***crescendo***, algumas coisas parecem nos confundir e nos assustam e é então que necessitamos de ajuda, às vezes com palavras, às vezes com formas, ***com*** cores, com lembranças ou imagens, que nos ajudam a entender, a acomodar, a perceber tudo o que está bem e nos traz ***segurança*** e alegria. Como em seu sonho. Observe como também pode fazer isso ***agora***, aqui comigo, ***lembrando-se confortavelmente*** dos lugares onde você se sente segura, que existem aí fora, mas também aí dentro.

– Você se lembra como, em seu sonho, encheu-se de tranqüilidade, ao se lembrar de seus amigos e de suas brincadeiras; e despertou tão contente, por ter estado aí, em seu sonho? Você pode pensar nas coisas ou lugares que lhe fazem sentir bem?

Branquinha sorriu sem abrir os olhos, movendo afirmativamente sua cabeça, sentindo *pouco a pouco*, como ao imaginar, ao sonhar, ao brincar, *tudo encontra seu lugar e se resolve*, nesse lugar seguro, com seus amigos reais e imaginários, com aqueles com quem pode aprender brincando, ***crescendo***, sonhando sonhos, que ***ao sonhar*** levam você a esses lugares onde você quer estar.

Sentindo o ar fresco da manhã sobre sua pele, sabendo-se segura, Branquinha repetia: "ainda que meus sonhos sejam diferentes dos sonhos dos outros, ***aprendo*** sonhando, brincando e ***crescendo***, sentindo-me ***bem como sou***, porque ***o melhor está por vir***".

PEDRO, DESCUBRA SUAS HABILIDADES

Esther Rocha

Esta manhã, acordei com vontade de dar um passeio perto do lago. O dia amanheceu maravilhoso, o sol brilhava e podíamos sentir um ar fresco que convidava a movimentar e a desfrutar da beleza e da tranqüilidade que nestes dias se respira na fazenda.

Caminhando próximo do lago, eu podia ver com que prazer brincavam Pedro, o patinho, e Zeca, o cachorrinho, enquanto Anita, a tartaruga, observava-os e desfrutava descansando.

Como é bom vê-los tão contentes! Adoro ver Pedro tão amigável e animado com Zeca.

Desfrutando meu passeio, estive me lembrando que, outro dia, encontrei-me com Pedro, e ele estava muito triste, parecia preocupado. Ao lhe perguntar o que tinha acontecido, pôs-se a chorar:

– Se eu falar, você não conta para ninguém? – perguntou.

Prometi-lhe que seria nosso segredo na fazenda e me contou o que havia:

– Tive medo de brincar com os outros patinhos, pois eles sabem dar saltos rápidos e sem medo. Quando chega minha vez, me dá muita ansiedade, sinto muito medo de dar o salto, penso que não ***vou conseguir fazê-lo*** bem, como eles fazem. Minhas patas são grandes e pesadas, diferentes das dos outros. ***Eu sou*** grosseiro e quebro o ritmo da brincadeira! E o ritmo da brincadeira é uma parte ***muito importante*** – ele me disse entre soluços.

Pedro continuou, explicando-me seu problema:

– Também quando vão brincar de esconder, fico ***com vontade***, mas não ***vou*** com eles; ***sempre*** invento algum pretexto e é ***melhor*** se vou para casa.

– O que faz com *sua vontade* de brincar, *de desfrutar*? – Perguntei. – Vou lhe dizer algo: Sabia que é ela, sua vontade, que lhe faz falar agora sobre tudo isto? Você percebe como *está lhe ajudando* a chegar até onde você precisa para se sentir melhor? Sua vontade trouxe você até aqui, *agora*, para conversar comigo.

– Sabe de uma coisa que nunca disse a ninguém porque fico com muita vergonha, Amanda? Muitas vezes, o que acredito estar à direita está à esquerda e me confundo com tudo a cada instante. Algumas vezes, ***eu imagino*** que, se continuar me equivocando, poderia me perder e como voltaria? Há ***tantas coisas*** que desejaria fazer e até hoje não tenho conseguido! Eu me seguro por medo de me confundir e de que zombem de mim.

Pedro chorava e chorava desconsolado. Eu desejava poder ajudá-lo a se sentir melhor e lhe disse:

– Quando alguém se perde, Pedro, tem a oportunidade de se encontrar com coisas novas, diferentes, que nunca imaginou. É ***a oportunidade de conhecer*** e ***aprender*** mais, enriquecendo-se de vivências novas que se convertem em ferramentas para a vida.

Eu queria que ele ficasse ***mais tranqüilo***, que recuperasse o poder de ver que consegue fazer muita coisa com agilidade, ***cada vez melhor***, e como, desde muito pequeno, foi aprendendo a ir e vir a cada vez mais lugares da fazenda.

Lugares que, no princípio, não conhecia e que conhecê-los foi uma experiência muito rica. Assim, continuei falando-lhe:

– Pedro, acredito que *você já está pronto* para que eu lhe mostre algo que você guarda dentro de você.

– Sim – respondeu-me curioso.

– Feche seus olhos e *ponha-se confortável*, aqui perto de mim. Agora, *você já está aprendendo a olhar as coisas de maneira diferente.*

– Como vai me mostrar algo se eu fechar meus olhos? – replicou Pedro.

– Ah, já verá! O que vou lhe mostrar está fora, mas também está dentro de você. E você já o conhece, *é um caminho seguro* pelo qual já caminhou. *Vamos* agora com tranqüilidade e coragem.

– Sim – respondeu-me de novo.

– Assim com seus olhos fechados, *escute*, sinta quanta vida há aí, *dentro de você. É você vivendo a vida tranqüilamente*, de mãos dadas com sua respiração que lhe acompanha. Observe como, sua respiração, automaticamente, leva ar e vida *de fora*, *até* todos seus cantinhos, *dentro* de seu corpo. Observe como suas patas se enchem de vida, sentem-se ligeiras, conectadas com sua respiração, põem-se suaves e ágeis.

Observo como Pedro relaxa, suavizando seu corpo. Com voz tranqüila, suave, acompanhando-o, continuei dizendo-lhe:

– É isso, *assim* está muito bem. Sua respiração segue acariciando, por dentro, cada parte de seu corpo: suas asas, sua cabeça, suas patas e *tudo está conectado*, protegidamente. Assim, *enquanto você desfruta descobrindo* este novo estado tão agradável em todo seu corpo, observe como surge uma imagem sua, em sua imaginação, vivendo *uma nova experiência* com tranqüilidade, desfrutando o que consegue.

Pedro começou a falar:

– ***Estou recordando confortavelmente*** e desfrutando momentos vividos, vejo-me ***aprendendo*** a caminhar, vê-se o lago, sim, é isso, vou para lá, foi muito emocionante tocar a água pela primeira vez e era ***algo novo***...

Continuamos conversando... recordando... desfrutando juntos lindas e conhecidas aventuras que estão dentro dele.

Estávamos nos divertindo recordando momentos incríveis, quando, ***neste momento***, chegaram Zeca, o cachorrinho, Mateus, o gato, e Branquinha, a ovelhinha. Com curiosidade, perguntaram-nos sobre o que estávamos conversando. Realmente, estávamos muito contentes e nos divertindo.

– Pedro acaba de viver e de compartilhar comigo aventuras muito especiais – disse-lhes. – *Escutem muito atentos* o que Pedro imaginou: passeava solitário pela fazenda, próximo ao lago, quando se encontrou com Zeca, saltando agitadamente. Pedro percebeu que algo lhe preocupava e conseguiu que Zeca lhe confidenciasse que estava muito assustado porque perdeu sua nova coleira no passeio que tinha feito com a filha do dono da fazenda, e isto ia lhe criar muitos problemas com a mãe e com o pai. Você se lembra, Zeca? Pedro o tranqüilizou, assegurando-lhe que, *unindo habilidades*, era possível encontrar a coleira:

– Você é rápido e eu sei observar. Unidos, *conseguimos um bom trabalho*.

Zeca se animou, mas lembrou-se que estava do outro lado do lago e ainda não sabia nadar.

– Eu sei nadar e para irmos juntos, construiremos uma balsa – disse-lhe Pedro.

Os dois se puseram a juntar madeira, mas, nesse momento, Pedro temia se perder no meio de tantas árvores. Naquele momento, chegou Mateus, que, ao se inteirar, os *lembra de que pode-se resolver isso*, se estiverem juntos.

– Você sabe nadar, eu me oriento muito bem e juntos construiremos a balsa.

Um instante depois, aparece Anita, a tartaruga, observa-os e lhes diz que ela também quer ser parte da equipe.

– Você é muito lenta – disse-lhe Zeca. – Como pode nos ajudar?

– Ah, pois eu, com minha calma, vou cuidar para que cada amarra da balsa esteja firme e segura. ***Melhor devagar, mas com segurança***. Sou especialista em fazer as coisas protegidamente! Às vezes, ***é melhor*** fazer as coisas assim, ***cada um em seu*** próprio ***ritmo*** e no momento exato.

Assim, os quatro uniram suas habilidades para construir sua balsa.

Pode vê-la em sua mente?

É ligeira e segura. Nela vão Zeca, Anita e Mateus. Pedro, nadando, empurra-os com firmeza e suavidade.

Observe como já vêm de volta com Zeca exibindo sua coleira.

Assim, Pedro compartilha com todos o que *surge* em sua mente: *cada habilidade* tem um lugar importante *em diferentes momentos*.

Sua mente inconsciente sabe que toda essa habilidade de aprender a se orientar como Mateus, de valorizar e utilizar a calma pausada de Anita e ser rápido e brincalhão como Zeca, estão dentro dele.

Sua força e todas estas capacidades produzem equipe dentro dele e paulatinamente, protegidamente, em seu ritmo e *de maneira natural*, vão crescendo, desenvolvendo-se, conseguindo tudo o que é importante para ele.

Ao terminar o relato, Pedro comenta com seus amigos:

– Vocês também têm muitas habilidades que estão dentro de sua mente e de seu corpo. Tudo ***isso*** que ***é fácil*** ver fora, o que nos rodeia, fechando nossos olhos, podemos descobrir como estão dentro de nós.

Conectados com nossa respiração, podemos descobrir, desenvolver tantas *possibilidades* que, protegidamente, *continuam crescendo* e se movem *em nosso interior*.

VICENTE VAI EM FRENTE

Ana Castenedo

Na Fazenda ***Esperança***, geralmente, ***todos*** os animais ***estão contentes***. Em um canto, está a vaca, feliz porque seu leite é branco, morno e espumante; em outro lugar, os cordeiros pulam pois sua lã é abundante; as galinhas põem ovos frescos e redondos, e vão daqui para ali cacarejando ***sem parar***.

Parece que todos ***sabem desfrutar*** o tempo ***tranqüilamente***.

Nestes dias, todos estavam bem exceto Vicente, o potro, filho do elegante cavalo e da égua mais formosa da fazenda.

Quase ***sempre*** Vicente estava alegre, mas Pedro, o pato, seu grande amigo, suspeitava que algo andava mal com Vicente, pois o via distante. Um dia, segundo eu soube depois, Pedro decidiu segui-lo até o alto da colina, onde Vicente passava muitas horas sozinho, ***olhando*** de longe, ***protegidamente***, os outros companheiros da fazenda.

Era ***fácil*** perceber que Vicente ***se sentia*** bastante infeliz. Seu olhar transparecia isso, ainda que fizesse todo o possível para que os outros pensassem que estava ***bem***. Enquanto Vicente olhava ao longe e sem que ele se desse conta, Pedro se aproximou, ***teve*** a ***coragem de*** segui-lo e perguntar-lhe:

– Oi, Vicente, aconteceu alguma coisa?

– Não, nada! Por que? – disse Vicente, desviando o olhar um pouco choroso.

– Pelo que eu conheço de você, sinto que está triste, é como se quisesse ***chorar***...

Vicente se abaixou e piscou, sentiu-se agradecido por seu interesse.

– Ultimamente, tenho visto você por aqui, passa muito tempo ***em silêncio***, olhando todos. Eu não tinha me atrevido a vir perguntar para não lhe incomodar, mas se posso lhe ajudar em algo... Às vezes, *falar com um amigo é de muita ajuda* – insistiu Pedro.

– Na verdade, não ***estou certo*** – replicou Vicente – por mais que eu dê voltas com meu problema, parece ***que*** não encontro ***a solução*** – e virando a cabeça de lado para distrair Pedro, tentou dissimular sua tristeza.

Pedro também o olhou. Os dois podiam sentir esse silêncio no qual a amizade se fortalece, quando alguém ***é*** capaz de ***escutar e*** o outro de ***falar***.

Vicente respirou fundo e com grande confiança *fez o que precisava* fazer... *começou a falar* lentamente.

– Há algo que não disse nunca a ninguém, nem mesmo meus pais sabem.

– Mmh, entendo... se for um segredo que quer guardar... – respondeu Pedro com carinho.

– É algo diferente, mas quanto mais passa o tempo e mais o guardo, ***sinto que*** vai se tornando cada vez maior. Eu ***estou crescendo*** e me dá muito medo pensar no dia em que tenha que contá-lo. Mas, sinto que ***já é meu momento***, é o momento de enfrentá-lo. É como se me pesasse muito não poder dizê-lo e, ao mesmo tempo, sei que falta muito pouco para que todos percebam...

– Percebam? Percebam o que? – pergunta Pedro com muita curiosidade – para mim, ***você é*** um cavalo ***normal***!

– Mas, sinto-me diferente! ***Estou*** muito aborrecido! – gritou Vicente batendo ***forte*** no solo com uma das patas.

Abaixando a cabeça, continuou falando:

– Desculpe, é que o que lhe vou dizer... é muito difícil de falar. Não gosto do que me aconteceu: Amanda me contou que, antes de eu nascer, meus pais estavam felizes. Esperavam que seu filho fosse como eles, forte, elegante, veloz e valente. Todos aqui sabem que quando nasci, ***tive*** muito ***trabalho*** para ficar de pé como todos os cavalos. Amanda me disse que meus pais se preocuparam comigo, ***mas***, depois de um bom tempo, por fim, ***consegui***, consegui ficar de pé em minhas patas! Desde então, meu pai e minha mãe se sentem muito orgulhosos de mim. Tudo parece estar bem, mas eu sei que tenho uma enfermidade rara – suspirou Vicente.

– Uma enfermidade?! De que se trata? – perguntou Pedro, surpreso e sentindo um pouco de medo.

– É algo muito raro num cavalo: trata-se de minhas patas. Passaram dois anos desde que nasci, e mesmo que possa ficar de pé e até trotar um pouco, quando cavalgo minhas patas doem e ***sinto que*** vou cair, mas, ao mesmo tempo, ***tenho confiança*** em mim – e baixando o olhar, Vicente fez uma pausa. – Outro dia, meus pais tentaram me levar mais além da fazenda e foi difícil voltar. Na melhor das hipóteses, eles acreditam que é por cansaço, mas, ainda que eu me esforçasse ao máximo, apenas ***pude*** andar pelo caminho, por um longo trecho. Percebe? Como cavalo me sinto um fracasso, como poderão ***sentir orgulho de mim***?

Com grande ***surpresa***, Pedro exclamou:

– E tinha guardado este segredo sozinho por todo este tempo?! **Você é muito forte**! – respondeu Pedro com os olhos muito abertos. – Estou surpreso em descobrir quem você é!

– Como assim? Se soubesse quão só tenho me sentido... Mas, agora, que lhe contei, ***na verdade estou*** mais ***tranqüilo*** do que há alguns dias – e suspirando, Vicente respirou ar ***puro***, e sentiu como se lhe tirasse um grande peso das costas. – Obrigado por me escutar, ***sinto-me melhor agora***.

Pedro ***sentiu o carinho*** enorme ***que*** tinha por seu amigo e tentou pensar como ajudá-lo. Os dois amigos ficaram tranqüilos, ***em silêncio***, por um momento. "Deve haver uma solução...", pensava Pedro, que podia perceber em Vicente a tristeza e a vergonha que ***preenchia seu coração***, e, ao mesmo tempo, a tranqüilidade que o abraçava.

– Bom, Vicente, Amanda disse que *todos temos dentro uma solução* para o que nos preocupa. *Vamos*, confie em mim. Respire suave e profundamente, agora, observe os fatos *com calma, tranqüilamente*. Na melhor das hipóteses, precisa *fazer outras coisas*, como se exercitar um pouco antes de tentar correr tanto como seus pais. Além de tudo, eles são maiores do que você e um passo deles é como dois ou três passos seus. Não é?

– ***Está certo***, mas como Amanda faz? Entenda-me, Pedro, quero poder correr como qualquer outro cavalo, mas acredito que nunca ***vou poder***! – disse Vicente.

– Aí está! *Você* quer conseguir e acredita que dificilmente *vai poder*. Claro que vai poder. Você me contou que desde que nasceu, ainda que tenha dado trabalho, colocou-se de pé e desde então *tem a força* para ficar de pé em suas próprias patas, para trotar, correr, e até para guardar sozinho sua dor. Amanda me disse um dia: procura *dentro de você* isso que lhe ajuda a se levantar dia a dia, e olhe como é fácil encontrá-lo. Só deixe aparecer e verá como agora você *está na* posição mais alta da *Esperança*. Percebe isso?

A paisagem é magnífica. Estavam no alto da colina e as cores eram brilhantes em um lugar e tênues em outro, o doce aroma do campo os rodeava, e a luz era especial naquela hora do dia.

– ***A Esperança***... Que beleza! ***Agora sinto tudo diferente***.

Pensando, pensando e sentindo, sentindo e pensando, Vicente olha ao seu redor e, como se estivesse vendo pela primeira vez a fazenda, disse algo muito bonito:

– Dor, amor, cor, odor, verdor, dor, cor, odor, amor, verdor. ***Que bonita é A Esperança***! Estou resolvendo isto, quero viver o melhor que puder, e já sinto que posso e poderei enquanto viver.

A partir deste dia, Vicente *está podendo* falar de sua enfermidade: tem aprendido muitas formas de estar melhor, como subir e descer em pequenas lombadas, brinca de correr com alguns de seus amigos pequenos, a entrar no lago e cruzá-lo de um lado para o outro, *sentindo-se muito bem e tranqüilo*.

Enfim, depois de tudo, a dor pode ser uma boa amiga pois está aí para avisar quando *devemos nos cuidar*, diz-nos até onde podemos ir e quando devemos parar, para não nos machucar, lembra-nos que há algo que nos incomoda manter e é importante tirar. Vicente trabalha cuidadosamente e com afinco desde aquele dia, e tem aprendido a escutar e respeitar a dor, repetindo sempre *de maneira segura, tranqüila e confortável*:

"amor, dor, cor, odor, calor, verdor,
preenche de esperança todo o coração."

LIPE TEM FÉ

Sally Witemberg

A fazenda estava ***em silêncio***. O sol apenas despontava pelo monte, começando a iluminar a formosa manhã, e uma brisa fresca corria o lugar. Ao longe, os semeadouros de milho refletiam uma capa dourada. ***É tão lindo olhar*** o dourado contrastando com o azul do lago, e estar aqui ***confortavelmente*** contemplando o amanhecer.

O galo acordou um pouco mais tarde e os animais aproveitaram para dormir ***mais um pouquinho***.

Eu dava meu passeio matutino depois de passar a noite junto da grande lareira da casa. Dei dois belos latidos e sai. ***Adoro*** caminhar nessa hora pela fazenda e ***observar*** os animais, dormindo ou espreguiçando. Encontro-me com ***tantas coisas enquanto sigo adiante***.

Olhei mais longe, ***antes*** do celeiro junto à carroça. ***Aí*** estavam os porquinhos dormindo amontoados junto a sua mãe.

Lipe, o porquinho maior, estava deitado ***com os outros***, mas não tinha pregado o olho a noite toda.

Aproximei-me dele e lhe perguntei por que não podia dormir. Disse-me que ***estava*** muito ***ansioso*** porque, quando brincavam no pasto, Mateus, o gatinho, lhe falou na frente dos outros:

– Porquinho, pança de gordura, amanhã, ***quando todos*** estiverem aqui correndo, vou fazer torresmo de suas patas e cofre com sua cara feia.

– E sabe o que foi pior, Amanda? – Disse-me. – Que os outros, os irmãos Frango, Zeca, o cachorrinho, e Pedro, o patinho, riram às gargalhadas e ***me olharam*** zombando de mim.

Lipe tinha ficado sem fala e ***sentia*** um forte nó na garganta. Era um nó de ***medo***. Sentia-se fraco, bobo e muito sozinho.

Também me contou que, nesse dia, chegando no chiqueiro, disse a sua mãe:

– Mãe, não quero sair daqui amanhã.

– Mas, por que, filhinho?

Ao porquinho, dava ***tristeza*** dizer à mãe que tinha medo de Mateus e seu bando; tinha pavor das garras do gatinho, dos dentes de Zeca, o cachorrinho, e dos pés enormes dos irmãos Frango.

Mesmo que nesse momento ignorasse, hoje já sabe que *pode se sentir* de outra maneira, *muito melhor*, mas nesse momento disse a mãe:

– É que... atchim, atchim, oinc, oinc, acredito que estou ficando gripado.

– Tranqüilize-se, Lipe, vou lhe dar estas ervinhas, que vão fazer muito *bem*. Este *preparado* limpa por dentro, para fazer você se sentir muito confortável, muito descansado e **amanhã estará como novo**.

Lipe saiu caminhando com o focinho baixo e arrastando as patas; quando voltou, percebeu que Bebel, a porquinha, caminhava junto dele.

– ***Estou acompanhado*** – disse a si mesmo.

– O que há, Lipe? – perguntou Bebel.

– É que, é que, Bebel, dizem que estou gordo. Cada vez que estou com os outros, brincando ou procurando fungos, caio, tropeço... e ***tenho*** um nariz feio que não combina com a minha cara.

– Entendo, Lipe, ***a mim*** acontece o mesmo. Você não sabe o que me disse Branquinha, a ovelhinha. Ela zomba de mim ***porque*** acredita que ***estou*** gorda e ela, ***sempre*** tão delgada e com seu cabelo cacheado. É horrível o que eu sinto disso que se passa ***comigo***!

– Sim, Bebel, já não quero estar com eles!

– Tenho que ir, Lipe, tenho pressa, tenha cuidado com esses malvados! – respondeu.

Lipe ficou só, mas *sabia que tinha* em seu interior, *algo* que sua mãe lhe tinha dado *para se sentir melhor*. *Seguiu em frente*, caminhando, ia muito preocupado, tinha que ver todos os animais amanhã. Seu pêlo todo tremia até chegar ao coração. Imaginava-se no chão com o nariz sangrando e o rabo com um nó.

No momento em que me viu, correu ao meu encontro:

– Amanda, Amanda, o que faço? Amanhã Mateus vai me pegar no celeiro, serei leitão assado, todos zombarão de mim e me chamarão de "porco gordo"...

– Vamos ver, Lipe, vem se sentar um pouquinho comigo – e disse, – vai sentir outras *coisas maravilhosas*, que também *estão acontecendo*. Observe bem, Lipe, como está linda a tarde, vê? O sol tão brilhante, você pode percebê-lo como que cobiçando **seu ser**, quando **se sente bem** forte na pele, não é? Vê quantas coisas lindas estão acontecendo? *E olhe* como o lago *está* tão azul hoje e você e eu, sentados aqui tranqüilamente conversando, *escolhendo* *olhar diferente*, enquanto todos os animais vão acomodando e vão *recuperando sua* comida com *tranqüilidade*.

Escuta o que vou lhe dizer:

– *Quando você nasceu*, não podia caminhar e tinha seu pêlo sem cor e suas patas fracas. *Aprendeu confortavelmente*, pouco a pouco, a fortalecer suas patas e *a caminhar* passo a passo, *protegida e automaticamente*. *Também aprendeu* a pegar a comida com seu focinho, *a* correr pelo campo e a não se deixar machucar pelos outros animaizinhos. Quando era muito pequenino, pôde *proteger seu corpo* aprendendo automaticamente por onde se meter *e* se esconder. Depois, *surpreendeu-se* quando percebeu *que* era um porco forte e inteligente, e as coisas que *você podia fazer*.

– Sim, Amanda, mas...mas... o coração continua tendo medo...

– *Pouco a pouco*, Lipe, esse nó de medo que tem querido roubar sua confiança e sua força, *está se* fazendo cada vez menorzinho, transformando e *acomodando* dentro de você tudo *o* que é *importante* acomodar neste momento *para você*, saudavelmente, corajosamente, *em seu ritmo*, vai perceber como vão se *limpando* seus *temores*. Percebe como vai se acomodando? Só vai ficando um nó pequeno, o necessário para lhe proteger quando você precisar... *observe* bem *como, além disso*, **vai** deixando que sua força e **sua confiança**, tomem *saudavelmente* um lugar dentro de você, fortalecendo-se e **crescendo**, crescendo... Já observou como isto acontece?

Lipe fechou, por um momento, os olhos e começou a respirar mais devagarzinho e sentiu, mais claramente, como seu corpo ia relaxando, relaxando automaticamente, enquanto continuava escutando o que Amanda ia lhe dizendo:

– É isso, Lipe, *cada vez mais* e melhor, tranqüilamente, este nó vai se acomodando e se transformando, *protegendo* seu corpo, todo *seu ser*, e isso vai continuar acontecendo amanhã e todos os dias que seguirem.

– ***Sinto-me melhor agora!*** – Disse o porquinho. – Estou menos ansioso e o nó de medo dentro de mim ficou do tamanho de uma noz.

– Obrigado, Amanda, vou rápido para casa para jantar, oinc, oinc.

Lipe acordou no outro dia *e percebeu que*, mesmo que ainda houvesse dentro dele um pouco de medo, realmente já *era* um nozinho pequeno; isso lhe deu muita confiança para ir caminhando com seu rabinho muito em pé e sentindo suas patas mais fortes.

Quando os outros animaizinhos se aproximaram dele e começaram a zombar, Lipe se sentiu *diferente* e já não virou para olhar com tanto medo. Ainda tremia um pouco o corpo e a voz, mas *dentro* dele sentiu, com mais clareza, como *a confiança está aí*.

ZECA, SECO

MIRIAM SHALKOW

Há vários dias, tinha percebido que Zeca, o cachorrinho, não queria se encontrar comigo. Antes, muitas vezes, gostava de me acompanhar em minhas corridas pela fazenda.

Também não queria brincar com os outros, coisa muito rara nele. Andava cabisbaixo e com olhar para o chão, como procurando algo.

Por isso, sabia que Zeca ***estava sentindo*** muita ***vergonha***. Mas o que tinha acontecido para que esse encantador cachorrinho, normalmente tão brincalhão e carinhoso, se sentisse assim?

Era um dia de muito sol e não havia nem uma só nuvem no céu, que estava de uma cor azul muito bonita. Os outros animais estavam descansando debaixo das árvores, esperando que passasse a hora de mais calor.

Pensei:

– Vou investigar o que acontece..., pois *quero ajudar*.

Rapidamente, fui buscar um apetitoso osso no lixo da cozinha. Encontrei um enorme e saborosíssimo osso, peguei-o com muito cuidado, ***tinha que segurá-lo*** entre os dentes ***muito apertado***, para não soltá-lo no caminho, e assim mantê-lo ***até chegar ao lugar*** onde Zeca estava, um lugar ***ideal para*** se esconder.

Enfim, cheguei e pude ***soltá-lo***. O osso caiu perto de Zeca.

– Olá, cachorrinho, o que está fazendo?

– Aqui nada de mais, brincando com um palito que encontrei, ***é melhor*** do que não fazer nada – respondeu Zeca sem virar para me olhar.

– Olhe, veja o que encontrei para você – disse-lhe, pondo em frente do cachorrinho o apetitoso osso.

– Não, obrigado. Não tenho fome.

– Bem, pois então o enterre para mais tarde.

Nesse momento, Zeca começou a chorar, escondendo a cabeça entre as patas.

– Não creio que o mereço – disse entre soluços.

Fiquei ao seu lado, acariciando-lhe a cabeça.

– Eu quero presenteá-lo, que história é essa de que não o merece?

– É que me sinto mal e sinto que ninguém gosta de mim. Esforço-me muito, de verdade, ***quero aprender a fazê-lo*** no lugar correto, mas não sei o que acontece e, às vezes, não me agüento e me molho ***onde*** não ***devo***.

– Deixa de chorar e ***vou*** lhe contar uma história que lhe ajudará a ***conseguir***.

Zeca concordou com a cabeça e, ainda com lágrimas nos olhos, aproximou-se mais de mim.

– Lembra-se de Camila?

– Camila? Sua amiga da outra fazenda? Essa que é muito graciosa e sempre parece tão feliz?

– Sim.

– Deixe-me lhe contar que sempre foi assim, muito alegre e brincalhona, menos em uma época que era cachorrinha como você.

Quando era muito pequena, as crianças a colocavam em casa e ela desfrutava enormemente, *deitava-se* confortavelmente numa poltrona suave e macia, sentindo-se acariciada e *muito segura* nesse lugar. Podia sentir o calorzinho da casa, com todos seus barulhos, cores e aromas que conhecia e que tanto gostava. *Assim*, tão segura e *protegida* neste lugar, *acomodava-se* e pouco a pouco ia fechando seus olhos *até ficar* quase *adormecida*. Você já está imaginando?

– Sim – respondeu Zeca, ao se acomodar ele mesmo, fechando os olhos, para poder escutar e ver com os olhos fechados aquela história que eu lhe contava. – ***Isso também me acontece***, posso me lembrar *agora*.

– Terminou o verão e junto com ele as férias das crianças, que tinham que voltar à escola. Como sentia falta deles! Sem saber quanto tempo tinha passado, vagabundeava pelo lugar, *segurando-se* para não soltar o choro. Pela tarde, quando as crianças voltavam, era tal sua emoção, que não *podia* se *conter e* fazia xixi exatamente onde não devia, em lugar de fazê-lo ao *chegar no lugar indicado* para urinar, aí aonde todos os cachorrinhos vão *para fazer xixi*. Claro, que ralhavam, batiam nela com o jornal e tiravam-na da casa. Sentia muita vergonha, muita tristeza e muita raiva, que podia fazer? Quanto mais medo sentia, menos podia se controlar.

Zeca estava muito atento às minhas palavras.

– Então ***não sou o único que passou por isso*** – pensava sem dizer nada. Sentia uma grande curiosidade em saber o que havia acontecido.

– Amanda, como se aprende a fazer algo ou a não fazê-lo?

– Deixe-me explicar-lhe, você *está crescendo e* também seu corpo e *tem aprendido a fazer* muitas *coisas*. Lembra-se de algumas coisas *que antes* lhe *pareciam* muito *difíceis* e agora já sabe fazer?

– Sim, por exemplo, dava-me muito trabalho pular a cerca e ***agora o faço muito bem***.

– Está vendo?... Zeca, você pode imaginar coisas? Como quando sonha?

– Sim.

– Bem, então é muito fácil, respirando *com tranqüilidade*, *lembra-se* do monte de areia, cheio de areia suave, *como* do mar, seca e quentinha, onde, às vezes, gosta de brincar? Imagina que *está* aí, nesse lugar agradável e *seco*, *descansando*, *confortavelmente*, à noite, com as estrelas brilhando no céu, dando luz ao lugar, percebe como *pode se sentir muito bem*. *Enquanto se lembra*, desfruta descobrindo e *desfrutando o que aprende*. Observe bem, enquanto se lembra de tudo o que aprendeu e o que precisa aprender, *retendo* e guardando essas aprendizagens dentro de você, ao se lembrar dessa areinha suave, quente e seca, com conforto e segurança. Aí, tudo acontece como deve ser, e *você se sente muito bem*, pois sabe que, ao crescer, *seu corpo aprende os sinais*, e os *sente* ainda que esteja *adormecido*, pois, ao crescer, aprende *sem pensar*. Já fez isso algumas vezes e já sabe como fazê-lo. Prontamente fará sempre, sua mente aprende a entender os sinais de seu corpo, para que possa estar confortável e seco, e faça isso sempre. *Pode ficar tranqüilo e seguro*, ao ir dormir e ao despertar. Seu corpo aprende crescendo, conhecendo e reconhecendo o que necessita.

O cachorrinho se estira, sentindo o calor sobre sua pele, *agora* sabe, sem se preocupar, que seu corpo *cresce e aprende* o que precisa para continuar bem.

RÉGIS É COMO TODOS

Ana Castanedo

Passou-se muito tempo ***desde esse dia*** em que aconteceu a Régis, o pavão, o que agora ***vou*** contar a vocês. É preciso reconhecer que Régis tem uma formosa plumagem, sua cauda é grande e vistosa e, quando a abre, ela ***sempre*** brilha ***com a luz*** do sol como o mais formoso arco-íris.

Posso lhes dizer que Régis gostava de ir daqui para ali e, ainda que desfrutasse da companhia de outros animais, no fundo Régis começou a se sentir e a ***ser diferente.*** Ele sabia que algumas aves ficavam ciscando por todo o curral, que outras gostavam muito de nadar e, outras tantas, até brincavam na lama ou bicavam umas as outras, mas para Régis nada disso parecia divertido. Tudo o que ele queria era brincar com cuidado e sem se sujar, falar baixinho e cuidar e lustrar as belas plumas de sua cauda.

Pouco a pouco, foi ficando sem amigos entre os patos, os frangos, os gansos e os perus. Não encontrava seu lugar. Outros animais, às vezes, também achavam-no muito vaidoso para brincar com ele.

Um dia desses em que na fazenda se ***respirava tranqüilidade*** e os animais não tinham nada para fazer, alguns deles falaram mais do que deviam sobre Régis, ***por ser diferente,*** sem perceberem que ele estava por perto e que podia ouvi-los:

– Esse Régis ***é*** muito esquisito. Anda sempre preocupado em deixar suas plumas ***bem*** limpas e cuidadas, seu bico, suas patas, parece que nunca faz nada ***divertido...*** – disse um dos irmãos Frango.

– Sim, é verdade. ***Eu*** acredito que Régis se acha um peru de Natal. Creio que até gostaria de andar sempre enfeitadinho de bolinhas e luzinhas – dizia com ***gosto*** o outro irmão Frango. – O que ele mais gosta é de andar limpinho e exibindo sua cauda. Até parece que gostaria ***de ser*** como Branquinha, a ovelhinha.

– Eu acho que Régis é ***assim*** desde pequenino – comentou Mateus, o gato. – Ele não entra no lago, nem vai para a lama com os gansos, os patos ou com os frangos como vocês. Até parece que tem asco dos vermes e só quer comer grãozinhos. Como se os vermes fossem comê-lo! Há! Há! Há!

– É verdade – disse Dudu Frango. – Régis parece tão limpinho que ninguém se anima a brincar com alguém tão maricas como ele.

Régis sentiu sua cauda se fechando ao mesmo tempo que uma grande ferida se abria nele. Saiam batidas muito fortes ***de*** seu ***coração.***

– Chega! – Gritou Lipe, o porquinho – Como podem falar isso de Régis? Ele é sempre muito amável com todos! Vocês, ao contrário, parecem uns fanfarrões que gostam de criar problemas com os outros!

– Além disso – disse Branquinha com um tom de voz muito ofendido – qual é o problema se alguém gosta de estar sempre bem arrumado?

Apesar dos esforços dos amigos, Régis, que estava escutando, sentia que muito daquilo era verdade. Sim, ele *se sentia diferente*, não apenas dos pavões da fazenda, mas *de todos* os animais machos que queriam ser muito machos, seja tendo plumas, pêlo, escamas ou lã. Mas, até então, pensava que ninguém havia notado, e uma grande vergonha e solidão fizeram com que ele se afastasse rapidamente. Sem se dar conta, começou a chorar, afastando-se lentamente e desconcertado, com suas plumas como vassoura varrendo o pó da estrada.

– ***Eu sei*** o que alguém sente quando ninguém gosta dele, e Régis é um companheiro muito sensível – observou Lipe.

– Justamente ***disso*** que estamos falando – interrompeu Mateus – Régis parece mais um bem-te-vi do que um pavão.

– Escuta, Mateus, ***lembro*** a você que não se mede a valentia por força física e que, além disso, *todos temos nosso próprio jeito*. E eu gostaria de ver você, um dia desses, morto de medo, se estivesse no lugar de Régis – respondeu Lipe muito aborrecido.

Nesse momento, ouviram PAFF!, pois a porta do curral fechou violentamente atrás de Régis, deixando apenas o rastro por onde sua cauda passou.

Todos ficaram gelados, especialmente Lipe, o porquinho, e Branquinha, a ovelhinha. O rastro no ***caminho indicava a eles*** que Régis tinha ouvido o que eles falaram. Algo tinha ***que*** ser feito.

A partir desse momento, Régis se afastou de tudo e de todos. Quase não o viam em lugar nenhum, pois pela manhã, bem cedo, ia para o mais longe que ***podia*** e voltava ao anoitecer. Não falava com ninguém. Sentia-se diferente, sozinho, aborrecido e, durante um bom tempo, não se viu sua cauda como um leque de cores aberto de um lado a outro. Até sua aparência havia mudado, suas plumas estavam opacas, seu ***andar*** parecia lento e derrotado. Lipe e Branquinha tinham certeza de que ele estava mais magro do que o ***normal*** e que certamente estava se sentindo mal.

Sozinho, Régis gritava alto:

– Têm razão. Não passo de um peru de Natal. Nunca chegarei a ter amigos se não ***aprendo*** a brincar com eles ***confortavelmente,*** ainda que tenha que reconhecer que a mim agrada andar limpo como em dia de festa. Mas sinto uma grande raiva e os odeio e me odeio por ***ser como sou.*** Eu os odeio por me incomodarem e odeio a mim por ser tão covarde.

Foi então que Lipe e Branquinha vieram ressabiados e me contaram tudo.

– Amanda, por isso estamos tão preocupados com Régis – disse-me Branquinha.

– Amanda, ***eu sei*** como se sente quem pensa ***que*** seus amigos não gostam dele e, por isso, Régis foge da fazenda ultimamente – falou Lipe.

– Obrigada por ***confiar em mim***. Assim que puder, vou procurá-lo e falarei com ele.

– Por favor, Amanda, queremos Régis de volta, como ele ***é.*** Quem dera a esses que se julgam muito machos ser tão gentis e sensíveis como Régis e ***estar*** no lugar dele – disseram Lipe e Branquinha.

Eu já suspeitava que estava acontecendo alguma coisa com Régis, mas quis esperar. Depois de ter vivido tanto tempo nesta fazenda, sei ***muito bem*** que *cada um tem seu tempo para* amadurecer. Como já era hora de investigar, procurei Régis até encontrá-lo. Ao *vê-lo*, aquela magnífica ave de plumagem brilhante era apenas uma lembrança, e, estava claro, que ele se sentia muito mal. Disse-lhe devagarzinho:

– Régis, posso falar com você? Seus amigos Lipe e Branquinha me procuraram e me pediram para ficar com você um pouco e conversar...

– ***Eu*** não tenho amigos... – respondeu secamente.

– Talvez esteja equivocado ao dizer que não tem amigos...

– ***Estou seguro*** de que não tenho. Se você soubesse o que todos da fazenda falam de mim me daria razão.

– Todos? Fiquei sabendo que escutou alguns de seus companheiros dizendo coisas que podiam machucá-lo, não foi?

– Amanda, chamaram-me de peru de Natal, dizem que quero ser como Branquinha, a ovelhinha, e coisas assim. ***Estou*** muito aborrecido e muito triste Amanda, com eles e ***comigo***, porque é verdade, ***sou diferente*** deles e, pensando bem, nem gostaria de me parecer com esses imundos, desagradáveis, tolos, assim eu também não ***quero ser***!

– Muito bem, Régis, cada um é como é, parecido com outros em algumas coisas, mas, ao mesmo tempo, ***diferente e único***. Mas... sabia que, ***agora na*** fazenda, perguntam por onde anda o enorme leque de sua cauda e a agradável ***calma*** de sua companhia? Aposto que nem havia pensado nisso...

– Isso é verdade, Amanda. Prefiro brincar ***tranqüilo*** para cuidar de minhas penas, e também prefiro o silêncio e a calma, ao invés de ruídos e empurrões. Não vê? ***Sou diferente*** de todos eles.

– É sim. É diferente de todos e *esse é seu* grande *valor*. E então... onde está o problema?

– Amanda, deixe-me pensar bem. Qual é o problema? Se cada um é o que é, a verdade é que, algumas vezes, tentei enganar a mim mesmo pensando que poderia conseguir ser um galo de briga ou algo assim, mas essa não é a minha natureza. O que é melhor, Amanda? Enganar-se a si mesmo ou ser como você é, ainda que os outros não gostem de você?

– Está bem. Então, diga-me, Régis, se você fechar seus olhos... você consegue sentir o amor e o carinho que você tem aí para você mesmo? Basta que você fique aí e ele surgirá sozinho.

– Mmmh, está bem – e fechando os olhos disse – dê-me um momento para sentir esse amor e carinho por mim.

Régis fechou seus olhos procurando sentir o amor e o carinho por si mesmo, dele mesmo. Estava muito tranqüilo, sua respiração era pausada e profunda, e parecia que seus olhos percorriam por dentro, procurando alguma coisa. Em pouco tempo, Régis me disse:

– Aí está, Amanda, posso senti-lo claramente. Sim, existe o lugar onde estão o carinho e o amor que sinto por mim. É como se estivesse em algo muito confortável e aquecido, muito do meu jeito, como eu gosto. Aí posso ser como sou, e sinto-me melhor sendo o que sou. Só assim os outros podem ficar bem comigo, porque eu também me sinto feliz comigo.

– Guarde muito bem esta sensação e faça com que ela acompanhe você cada vez que você precise dela. Tudo isso é o respeito e aceitação que podemos sentir por nós mesmos e o melhor é que está dentro de você e ninguém pode tirá-lo.

– Amanda – disse Régis, abrindo lentamente os olhos. – Quero ficar com isso para sempre. É um grande presente, porque sinto que gosto de mim como sou, e já tenho vontade de voltar para a fazenda, porque na Esperança, só há um Régis e ***esse sou eu!!***

OS IRMÃOS FRANGO ENCONTRAM APOIO

SALLY WITEMBERG

Lembro-me quando a família Crista Vermelha chegou. É uma dentre tantas famílias que emigraram para este lugar, por circunstâncias alheias a elas. Vinham da granja que fica do outro lado do lago e foram comprados pelo fazendeiro para aumentar o galinheiro

Seguramente, é muito difícil de um dia para outro ***ter que sair*** de seu lar.

Eu nunca estive naquela granja, mas minhas amigas me disseram que ***é muito diferente***, acho que meio estranha, têm uns costumes esquisitos: ***para*** despertar ao sol, voam antes de cantar; ***cada família*** fica sempre dentro de seu lugar, quase não conversam e, à noite, fazem coisas engraçadas ao redor da fogueira.

Imagine isso!

Dizem que ***algumas*** famílias de galos, em vez de cantar cocorocó, cantam quiquiriqui.

Os Cristas Vermelhas chegaram e logo se fecharam em seu canto do galinheiro, não queriam falar com ninguém. "***Podem sentir medo*** ..." alguém disse, ***pois***, nesta fazenda, somos muito tagarelas e fofoqueiros. Assim, ficavam só entre eles, ***faziam coisas*** bem ***diferentes*** dos daqui. Tinham umas danças engraçadas e cantavam canções diferentes.

Seus filhos, aos quais apelidaram "os irmãos Frango", não iam brincar com os outros animais... Lembro-me de Mateus, Pedro e Branquinha, que tentaram convidá-los para brincar com eles e, ao invés de irem, às vezes, respondiam grosseiramente.

– Irmãos Frango, Dinho e Dudu, venham aqui no celeiro, estamos brincando de esconde-esconde – diziam.

– Deixe-nos em paz, se continuarem a nos perturbar, vamos lhes dar uma surra.

Os animais tinham medo deles: iam por toda a fazenda pisoteando o que encontravam pelo caminho, bicavam as árvores, arrancavam as flores e se encontravam com alguém, especialmente da sua idade, empurravam e insultavam.

Algumas vezes, os outros me disseram:

– Que faremos Amanda? Na semana passada, ***nós nos sentíamos*** mal porque eles não só não queriam ser nossos amigos, como também estragavam tudo e zombavam de todos.

– Parece-me, meninos, que esses irmãozinhos são corajosos porque andam muito ***assustados e***, além disso, talvez se sintam ***diferentes de todos...*** Talvez, no fundo, eles tenham medo de que vocês não gostem deles, ***por não serem daqui...*** Eu tenho a impressão de que eles têm muita vergonha. Prestem atenção como vão se afastando dos outros, e a cada coisa que vocês lhes dizem, parece que eles se sentem mal. Então, respondem com agressividade e grosseria, não é? Talvez, **no fundo**, o que sentem é que vocês os desprezam e que não vão querer ser amigos deles.

– Nós **queremos** ser amigos deles sim! Amanda, fale com eles, diga-lhes alguma coisa, por favor...

Fiquei com vontade de falar com Dudu e Dinho e lhes perguntar porque estavam sendo tão agressivos com os outros. Talvez eu pudesse fazer alguma coisa para que todos possamos

nos sentir bem. Entretanto, eu sabia que não ia ser fácil, pois eles não queriam ver ninguém.

Um dia, estando eu deitada descansando depois da refeição, eis que passaram por ali dizendo:

– Dudu, estes animais são muito estranhos, ***eu quero*** voltar para a nossa antiga casa.

– Sim, Dinho, às vezes, tenho vontade de brincar mas, como não somos daqui, pode ser que não saibamos brincar como eles. É melhor ficarmos juntos e, se eles se aproximarem, colocamos eles para correr.

– Dudu, será que posso ***ir*** conversar ***melhor*** com eles, por um momento?

– Não, não e não! Não vê que vão perceber que somos diferentes e vão nos enxotar? Fique comigo, Dinho!

Eu me aproximei e perguntei a Dinho se ele tinha vontade de brincar com os outros. Ele disse que sim, mas Dudu não deixava porque dizia que eles eram diferentes e que os outros não iam aceitá-los ou iam fazer gozações. Então, sentei-me em um canto do pasto e, quando se aproximaram de mim, ***aproveitando o momento,*** disse-lhes:

– *Pensem*, meninos, parece-me que *vocês têm duas partes aí dentro*: uma que quer pertencer ao grupo dos animais e outra que tem medo que eles os desprezem, porque vieram da outra granja, não é isso?

– Sim – respondeu Dinho. Enquanto Dudu ficava calado, muito sério, mas me escutando.

– Reparem bem como estas duas partes, *as duas, são muito importantes; uma é* a parte que quer pertencer ao grupo, brincar, relaxar com os demais, é uma parte brincalhona e *alegre. A outra*, é uma parte também muito importante. Esta parte *quer protegê-los*, resguardá-los de qualquer coisa que possa ser perigosa. Ela sabe que vocês são uns franguinhos muito sensíveis e quer resguardá-los para que nada os machuque, verdade?

– Sim, Amanda...

– E agora, observem bem como *estas* duas *partes sabem muito sobre vocês e querem ajudá-los*. Que tal se apresentarmos uma à outra para que sejam amigas? Vamos começar olhando onde estão as duas partes. Já viram?

– Aqui – disse Dinho tocando seu peito.

– As minhas estão nas minhas duas patas, uma pata quer uma coisa e a outra quer outra – respondeu Dudu.

– Isso mesmo, muito bem. Já viram quão importantes são estas partes? As duas estão aí e as duas querem ajudá-los. Fechem seus olhos um pouquinho e vamos imaginar que *estão aí*, e que, pouco a pouco, *vão se aproximando tranqüilamente*, uma da outra. Observem bem como as duas *estão se tocando saudavelmente*, estão conversando. Estão ensinando uma para outra o que cada uma sabe fazer bem, **ajudando-se** pouco a pouco. Estas duas partes tão importantes, tão úteis, continuam conversando coisas: uma sabe como protegê-los e a outra sabe como brincar e se divertir.

– Vão se aproximando, sem temores, **com confiança** uma da outra, assim...

– Já as vimos, já conversaram – disseram em uníssono.

– *Observem* bem, Dinho e Dudu, *como*, **agora**, com estas partes sendo amigas, vocês **podem estar** *com os outros* animais *de* uma *maneira tranqüila* e protegida. Vejo que os dois se sentem cada vez mais calmos e *seguros*, ao ter suas duas patas, ou melhor, partes tão amigas e ensinando uma à outra tudo o que têm que ensinar, a brincar e a se proteger...

Os irmãos Frango ficaram, por um bom tempo, deitados no pasto; pareciam adormecidos, mas, na verdade, estavam muito *relaxados e* os dois estavam com suas patas unidas. Ficamos assim por um tempo, relaxando tranqüilamente, enquanto íamos respirando cada vez mais, profundamente e *confortavelmente*.

CACÁ CANÁRIO

Leticia Tayabas

Na Fazenda *Esperança*, esse lugar do qual temos falado, há um cantinho muito especial onde as aves se juntam ao entardecer. Quando termina o dia, esse cantinho se distingue dos outros por causa da grande algazarra que se escuta. Todos os pássaros estão prontos *para compartilhar, com os demais*, *a vida* desse dia.

É uma alegria voltar a se reunir antes de dormir. Para mim, como cadela guardiã da fazenda, me interessa especialmente escutar o quanto têm para conversar. É um lugar *de companhia e confiança* e um dos meus favoritos. Um dia, chamou minha atenção ver Cacá Canário, um de meus amigos, que normalmente revoava alegre junto com todos os seus irmãos.

Nesse dia, Cacá parecia cabisbaixo, escondia sua cabecinha entre as penas e não participava da conversa. Isso chamou minha atenção e me aproximei cuidadosamente. Ele se afastou mais e não queria me olhar nos olhos. Perguntei a ele:

– O que aconteceu, Cacá? Parece triste e distante. A conversa dos pássaros não *interessa a você hoje*?

Cacá me olhou e negou com sua cabecinha.

– Nã-nã-não é nada – respondeu.

– Acho que ***SIM***, aconteceu alguma coisa que deixou você preocupado, não é ***assim*** Cacá? Fale comigo e, quem sabe, ***encontramos a solução*** juntos.

Cacá voltou a me olhar com alguma dúvida, mas começou a falar:

– Ai, A-A-Amanda, que dia tão difícil ti-tive ontem!

– Que aconteceu? – perguntei a ele.

– Vou co...contar – disse o canário – en-en-enquanto ***me*** a-a-***acomodo*** perto de você.

Respirou e continuou:

– A-agora come-come-***começo*** a co-contar a você minha história A-A-Amanda. Os adul...adul...adultos são tã-tã-tão estranhos! Às vezes, não entendo nada, como ***por*** exemplo, meu meu meu pai. Ele é um canário forte e po-po-poderoso, que sabe caçar astuta-as-tu-astutamente e traz para todos os meus irmãos e para ***mim*** manjares deliciosos ***para preencher*** nossas barriguinhas. É-é-é bom, faz as coisas ***muito bem e*** nos trata ***com carinho,*** mas há ***tantas lembranças.*** Ai, Amanda, é que nã-nã-não entendo nem ele nem minha mãe. Ela, por exemplo, cuida de nós com esmero, manda-nos para brincar sempre muito limpinhos e tem nos ensi-ensina-na-ensinado todos os truques possíveis para sermos canários muito bons. É muito boa e gostaria de ficar com ela, mas, às vezes, não consigo *entender* porque se irrita comigo.

– Talvez, Cacá – disse a ele – ***nas lembranças*** que você tem, ainda que, às vezes, doa em você, ***está a chave*** para aprender a entender o que incomoda você e a aprender a acomodar isso, ***para*** assim ***se sentir melhor.***

Cacá se aproximou e eu sentia que algo diferente estava acontecendo.

– Percebe como você *está se acomodando* suavemente, *sentindo* confiança em mim? – disse a ele enquanto transmitia segurança ao tocá-lo com *carinho*. Sentia-se tão bem por estar ali nesse momento.

– Como ***me sinto*** diferente ***agora,*** aconchegado entre minhas patas.

Sentia-se ***seguro e com confiança,*** assim começou a contar o motivo de sua tristeza:

– Le-le-lembrava que ontem estava brincando tranqüilamente com meus irmãozinhos e com Zeca, o cacho-cho-cachorrinho, e, de repente, vi como meu papai se aproximava da casa do fazendeiro e entrava pela janela. "Papai!" Gritei, mas ele parecia não me ouvir. Decidido a ter um pouco de sua atenção, fui atrás dele e, pensando em brincar, eu me escondi; e o que consegui ver me surpreendeu muito. Meu pai se aproximou primeiro e começou a beber no copo em que, às vezes, o fazendeiro bebe. Você se lembra, Aman-Aman-Amanda? Quando o fazendeiro fica tão estranho e, às vezes, grita conosco e se aborrece conosco, os animais. Papai também bebe disso daí. Bem, pois meu papai bebia e bebia e parece que com muito gosto, bi-bi-bicando a borda daquele copo, aproximei-me dele e, depois de olhar para mim com um olhar muito estranho, falou bruscamente:

– Sai daqui, canário intrometido, estou cansado de sua curiosidade. Aborrece-me muito porque *você* é muito barulhento sempre *querendo* chamar atenção com seus ruídos!

– "Ma-ma-mas, pa-papa-pai", eu disse, assustado com sua irritação. "Por que está tão tão tã-tã-tão diferente, e, além disso, cheira mal?" Ele me respondeu:

– Você não *tem* nada que fazer aqui, deixe-me dormir em *paz*.

– E o pior, Amanda – disse o canário – papai me deu um empurrão bem forte.

– O que você fez então? – perguntei, já que ***começava a compreender*** a situação.

– Bem, pois vo-vo-voei assustado para ***encontrar*** minha mamãe. No ***caminho*** pensava que eu tinha culpa pelo que estava acontecendo ***agora*** com papai, porque eu ***sou*** o mais travesso de meus irmãos, e todos dizem que bato as asas ***muito forte***, fazendo barulho. Eu me senti triste e com muito medo.

– Por fim ***cheguei*** onde estava minha mamãe, ela também estava triste e preocupada, ***aproximei-me suavemente*** e disse a ela: "Mamãe, está acontecendo alguma coisa com papai. Ele está na casa do fazendeiro, perto ***da*** porta, próximo à janela, bebendo no copo do fazendeiro, e, além disso, ele me repreendeu e brigou comigo." Terminei de falar e me pus a chorar. ***Minha*** mamãe viu minha ***tristeza*** e dor e me disse:

– Você não viu o que você viu, não sentiu o que sentiu, nunca, jamais, ouviu? Nunca, jamais deve voltar a perturbar seu pai quando estiver assim e, sobretudo, não deve falar sobre isso com ninguém na fazenda, porque envergonharia a família Canário. Só eu e você que sabemos disso.

– ***Senti-me*** muito triste, Amanda, e, depois de chorar um pouco, dormi e o dia amanheceu. Papai chegou ***muito*** alegre e ***contente***, eu me afastei e ele me chamou e começou a me acariciar como se não tivesse acontecido nada. Não queria que isso acabasse, porque gostava de ficar assim com papai ***e fiquei*** quietinho, mas, ***no fundo*** de minha alma, não entendo ***bem*** o que acontece, e se é meu pai ou não. Só decidi falar com você, Amanda, porque você entende muito bem todos os animaizinhos, mas sinto medo porque estou desobedecendo minha mãe, ela disse para não contar para ninguém! Ai, Amanda, não ***sei o que fazer...!***

– Cacá, o que você viu e sentiu é real, nunca deve duvidar disso. ***Às vezes***, nós, os adultos, nos comportamos de uma maneira diferente e que você não entende, mas o que é real é real, e o que ***é muito bom*** é que você queira ***falar*** comigo, ***confidenciando,*** sobre o que aconteceu. Não tenha medo, não falarei sobre isso com mais ninguém. Olha Cacá, vou dizer a você algo muito importante que você deve saber, então, escute com muita atenção. Seu pai tem uma doença que se chama alcoolismo. Esta doença faz com que ele procure este copo para beber, ainda que saiba que não é bom para ele nem para a família. Não consegue evitar, vai lá cada vez com mais freqüência. O álcool que ele ingere o faz agir assim, grosseiro e estranho. E, às vezes, nem se lembra do que aconteceu. Sua mãe não sabe como lidar com isso e sente muita vergonha quando ele fica assim, por isso lhe disse que era um segredo. E ser curioso e tagarela faz parte de ser canário. O mais importante é que, quando você se sentir triste e aborrecido, você sempre pode falar comigo porque ***isso*** *é algo que eles têm que resolver e que* ***não tem nada a ver com você.*** Você é um bom canário e eu sou sua amiga, eu lhe escutarei e consolarei você.

– Então não é minha culpa, Amanda? – disse já sem gaguejar.

– Não, Cacá, absolutamente a culpa não é sua.

Finalmente o canário ***havia compreendido.*** E, dizendo isso, eu o abracei com carinho até que ele dormiu ***tranqüilamente.***

ANITA NÃO SE LIMITA

Esther Rocha

Vendo Anita, a tartaruga, brincando, ***com*** tanto ***gosto,*** com seus amigos da fazenda, recordo-me do período em que ela estava muito mal.

Lembro-me do dia em que a encontrei sozinha pelo caminho, dentro de seu casco, chorando, chorando.

– Que há, Anita? – perguntei a ela

– Não agüento mais! – respondeu. – Nunca conseguirei ter amigos e ser parte importante do grupo.

Anita continuou dizendo-me:

– Veja, Amanda, como todos os meus amigos sempre saem correndo atrás do cachorro e me deixam para trás, sozinha, sem se importarem com nada. Sinto-me muito triste e muito, muito aborrecida; por isso, é melhor me esconder em meu casco, onde nada pode me incomodar. Aqui me ***acomodo*** e espero que ***tudo*** acabe, enquanto me mantenho tranqüila aqui ***dentro.*** Vou lhe contar o que aconteceu e o que ***sinto.*** Combinamos de nos encontrarmos todos perto do lago para irmos brincar na alameda ***que*** fica no final desta rua, e o cachorro, como sempre, aprontou das suas. Quer tudo rápido e do jeito dele e organizou uma brincadeira de... ver quem chega primeiro! E todos saíram correndo em velocidade máxima. Eu, como sempre acontece comigo, fiquei para trás, sozinha, sem que ninguém se preocupasse comigo. Como ***eu gostaria*** que alguém me acompanhasse, ***que tomassem conta de mim!***

Anita continuou contando-me:

– Ai, Amanda! É muito triste sentir-se assim. Tenho que lutar e me proteger sozinha, desde que eu era um bebê. Lembra-se? Por que as mamães tartarugas pensam que seus bebês têm que *se virar sozinhos*, sem que ninguém os acompanhe ou os proteja? Como se isso já não fosse bem difícil, eu sou lenta e os outros vêem isso como *muito normal*, como se isso não me magoasse nem ***me*** aborrecesse. Claro que eles pensam assim. Não ***cabe*** a eles ***viver*** em meu casco, nem estarem sós desde sempre ***e*** terem que ***aprender*** tudo sozinhos! Não é justo e eu não sei o que fazer! Às vezes, acho que seria ***melhor*** desaparecer.

Nesse momento, Anita via tudo negro, como se tudo de ruim acontecesse a ela e, agora, fosse difícil ***ver*** todo ***o belo*** que vivia.

Sempre pensei: “Não posso saber se alguma coisa me desagrada, se eu desconheço ou se me falta o que ***eu gosto***”.

Anita chorava desconsolada, então, disse-lhe, dando-lhe uns tapinhas com minha pata:

– Vamos lá, Anita. Você tem a imaginação ágil?

– Sim – respondeu.

– Gosta de brincar com sua imaginação para construir coisas?

– Sim –disse-me.

– Talvez você goste de saber que pode usá-la *para descobrir algo*.

– Sim – respondeu-me de *novo*.

– Muito bem, Anita, feche seus olhos e *entre* em seu casco, ali, nesse lugar onde muitas vezes sente-se tão *protegida*. Observe como sua respiração, *de maneira natural* e no seu ritmo, ajuda você a se sentir relaxada, *saudavelmente*, confortavelmente *relaxada*. Dê, a si mesma, um momento para desfrutar, protegidamente desse estado tão agradável.

– Muito bem Anita, assim está muito bem! Agora, observe, *em sua imaginação*, a imagem de si mesma *com seu casco*. Observe, detalhadamente, como você é por fora e por dentro, o *que* acontece aí dentro e como ele *te protege* dos incômodos que, às vezes, há fora de você.

– *Observe*, Anita, *como* você pode, com seu casco, ir e vir, tendo sempre a possibilidade de distinguir, de maneira automática e natural, o que é Anita e o que é não-Anita. *O que está dentro* do casco e o que está fora dele. Na verdade, funciona como uma grande cerca, como uma pele, como penas ou pêlo, que separa e distingue o que há dentro do que está fora. E, além disso, *protege-lhe*, resguarda seu espaço interior. A vantagem de se ter casco é que você pode-se esconder nele ou se mostrar, *conforme necessite* a cada momento, *para estar bem*. Além disso, amolda-se em seu corpo e está *sempre* com você, do seu tamanho, protegendo-lhe. É seu espaço, *agora o está descobrindo*, um espaço para você, Anita, exatamente como você precisa nesse momento em que está crescendo. Sempre esteve aí com você e, hoje, você descobre que pode ficar fora ou dentro de seu casco protegidamente, acomodando-se *saudavelmente,* dentro, em seu espaço, movendo-se livremente, no seu ritmo e no seu estilo, como você precisa *agora*. Aí você *pode deixar passar* o que quiser, *só o que você quiser*. Além disso, você pode entrar e sair daí confortável e facilmente, de uma maneira *protegida e em seu ritmo.*

– *Observe como está confortável* esse casco, essa cerca, esse espaço protegido. *Feito* especialmente *para você* que é tão especial.

– Percebe como é agradável você ter seu próprio espaço e sentir o prazer de estar protegida em seu casco? Isso que você está sentindo agora é sinal de que esse processo de crescimento e acomodação está acontecendo em você, *automaticamente sentindo*, daí, de seu espaço, protegida por seu casco.

– Agora observe o que há fora, quem está aí, fora desse espaço tão seu, e observe como você pode sair até onde quiser, protegidamente, ou daí explorar, descobrir, *aprendendo coisas novas* conforme precise. Observe como, de dentro, você pode manter contato com tudo que rodeia você. Assim, de maneira protegida, pode selecionar *o* que é *importante para você em cada momento*, desfrutando do seu ritmo e *a seu modo.*

Anita estava muito quieta e ***tranqüila*** e fiquei com ela assim um pouco mais. Depois a convidei para, em seu ritmo, quando seu corpo desse o sinal de que estava tudo pronto para sair e compartilhar sua experiência, que abrisse seus olhos e voltasse a conversar comigo, sobre o que descobriu em sua imaginação. ***Lembrei*** a ela que, dentro de sua mente inconsciente, continuará, automática e protegidamente, transformando e renovando tudo que precise ***para que tudo possa fluir melhor*** em sua vida.

Anita esperou mais uns minutos e saiu de seu casco com seus olhinhos muito abertos e sua cara muito alegre e relaxada.

– Que tal Anita, como foi? – perguntei.

– *Sinto-me muito bem!* Minha imaginação me mostrou algo que gostei muito: ***estou em mim***, no meu casco ***e posso*** sentir como é bom ***ter sempre*** à mão ***um espaço para*** repousar, para ***descansar*** protegidamente. Depois, esse lugar que imaginei dentro de minha cerca ***é muito bonito***. Há um riacho com água muito fresca e cristalina e tem uma ponte de onde posso ***ver o que há*** fora.

– O que você acha que vejo dali? – disse entusiasmada. – Vejo Zeca, Branquinha, Pedro, Mateus e todos ***os outros*** animais. ***Estão me observando*** surpreendidos. Olham-me ***com*** olhos de curiosidade e ***admiração. Eu***, de dentro, da ponte, saúdo-os e digo a eles que posso convidá-los, algumas vezes, a desfrutarem da água fresca de meu riacho, onde podemos brincar. Aconteça o que acontecer, ***sinto-me segura em meu espaço.*** Dali, posso ver o lago ao longe e ***sinto-me tranqüila,*** sem pressa, livre para sair e brincar com os outros ***e também livre*** para ver tudo desse lugar.

Fiquei ***contente de ver e sentir*** o alívio de Anita:

– Que alegria me dá, Anita, que agora, dentro de você, esteja essa sensação de todo o espaço que é você mesma e que está em contato com tudo que rodeia você, com a liberdade de se aproximar e de se afastar conforme precise! *Agora você* sabe que pode entrar e sair de acordo com seu desejo e que você *é especialista em viver protegidamente*. Certamente seus amigos vão desfrutar tudo que você puder ensinar a eles com sua experiência tão especial.

– Sabe que mais eu vi, Amanda?

– O que? – perguntei curiosa.

– Que os irmãos Frango também estavam ali, traziam um pedaço de tecido no bico e brincavam de entrar e sair de um tronco, como desfrutando de um casco protetor como o meu. Acho que eles queriam ter um como o meu. Acho que tenho muita sorte. *Sinto-me feliz por ser o que sou!*

Depois dessa conversa, despedimo-nos e vimos, ao longe, a turma da fazenda que já regressava da alameda. Anita caminhou tranqüilamente até eles, caminhava tranqüilamente, aproximando-se, gastava tempo observando o lago, as flores e a campina suave ao redor, murmurando...

– Sempre ***terei*** momentos para compartilhar com meus ***amigos, sendo*** como ***eu*** sou.

Sentindo-me contente com seu alívio, fiquei tomando sol e desfrutando dessa linda manhã.

MATEUS APRENDE A SE PROTEGER

Leticia Tayabas

Muitas vezes, cochilo junto ao fogão, enquanto acompanho o fazendeiro em suas longas noites. Isso ***me traz*** muito conforto e ***segurança*** e, nesse momento, ponho-me a ***lembrar*** várias histórias que já escutei. Algumas me deixaram muito pensativa, como a de Mateus, que agora está aqui aconchegado comigo, muito ***confortável e tranqüilo***. Estou me lembrando de quando Mateus era pequenino, hoje já é um gato grande e maduro. Lembro-me com ternura de suas aventuras e ***dificuldades*** e admiro-me muito de como foi crescendo. Posso dizer-lhes que agora ele me ajuda conversando com os outros animais da fazenda. ***Quanto tem aprendido!***

Lembro-me quando Mateus era um filhotinho brincalhão e travesso, cheio de perguntas de todo o tipo, e, se fecho meus olhos ***confortavelmente***, ***posso*** voltar a ***vê-lo...***

– Amanda! Amanda! – chamava-me com sua vozinha. – Sai depressa! Preciso saber algo, ***me aconteceram tantas coisas...***

– Sim, Mateus, ***aqui estou***. Sente-se ao meu lado e diga-me o que aconteceu. Tenho certeza de que se falar se sentirá ***melhor.***

– Amanda, não sei como começar. Fico muito triste... Não... O melhor é ir brincar para esquecer... – e começou a correr em círculos pegando seu rabo.

– Olha, Mateus, ***posso*** perceber que é algo que lhe preocupa muito. Você só morde seu rabo quando algo muito sério está acontecendo. Eu lhe conheço muito bem, talvez possamos brincar de ***encontrar uma solução*** para seu problema.

– Bem, é que, ontem, briguei com o porquinho Lipe. Disse-lhe coisas horríveis e o persegui para assustá-lo. ***Eu estava*** muito ***zangado*** com ele e o mordi na orelha e agora, agora – disse-me soluçando – agora, sinto-me muito mal. Lipe é meu melhor amigo e agora não vai mais gostar de mim.

– E por que estava zangado, Mateus?

– Na verdade, não estava zangado com ele, ***sentia-me esquisito*** desde a noite anterior.

– Sentia-se esquisito, como?

– Sentia meus pêlos eriçados e minhas garras estavam de fora, eu estava irritado, mas, sabe Amanda, ***também*** estava ***assustado.*** É possível estar assustado e irritado ao mesmo tempo?

– Sim, Mateus. Você estava irritado e assustado. Mas o que aconteceu com você na noite anterior?

– Ai, Amanda, é que às vezes não entendo meu pai. Ele é bom e carinhoso e eu gosto muito dele. Ele nos traz boa comida e coisas para brincar, e sinto-me muito bem quando ele está por perto. Mas, Amanda, às vezes, ele é mal, e eu acho que é culpa minha. Sou muito brincalhão e faço travessuras e minha mãe também se irrita comigo. Acho que o melhor seria eu desaparecer.

– Era assim que você se sentia ontem, Mateus. Com vontade de desaparecer?

– Sim, Amanda, é que tenho sentido muita vergonha, tenho querido desaparecer para não ter mais problemas.

– E que tal, ao invés de desaparecer, contar-me o que aconteceu.

– Bem, Amanda, mas me prometa que não vai contar a ninguém, porque estou me sentindo muito mal.

– Sim, claro que prometo guardar seu segredo. Acalme-se e conte-me. Lembre-se de que sou sua amiga.

– Não entendo o que acontece com meu pai, e, às vezes, tenho muito medo do que ele faz, mas ele é bom e eu causo muitos problemas para ele, acho que sou culpado do que está acontecendo.

– Acha que tem culpa, Mateus?

– Sim. Ontem ele queria que eu fosse com ele outra vez ao celeiro, e eu não queria desobedecê-lo. Assim, eu fui, ainda que me desse muito medo porque estava escuro e sozinho, e, quando estávamos lá, ele começou a lamber meu rabinho e, às vezes, até me machucou. Fiquei com muito medo porque sei que isso está errado, e ele me disse que se contasse a alguém iriam acontecer coisas terríveis. ***E, agora, eu*** não ***sei o que fazer***. Se ***conto*** para a mamãe ela vai me culpar e vai ficar irritada e talvez meu papai até vá embora da fazenda e eu não quero isso. Quero que fiquem ***comigo para cuidar de mim.*** Mateus chorava e chorava.

– Olha, Mateus – falei – *hoje você deu um passo muito importante*! Assim, vamos fazer uma coisa muito especial. *Peça* à sua imaginação que dê a você a *ajuda* que precisa para resolver este problema para *sempre*.

– Amanda, como minha imaginação vai me ajudar? Isso não *existe*.

– Claro que sim. Olha, acomode-se, respire fundo, feche seus olhos. Vou mostrar *algo* que está *dentro de você* e *que sempre tem estado* aí. Está pronto?

– Sim, mas como vou ver alguma coisa se estou com os olhos fechados? – disse curioso.

– Ah, você já verá como, com sua respiração *ajudando-lhe*, verá coisas que estão aí.

– Sim, sim, já estou vendo muitas cores e, depois, formas.

– Muito bem, Mateus. Agora observe bem, *aí dentro de você* vai encontrar muitas coisas que estão fora, mas também dentro. Aí dentro de você *tem um amigo*, é uma parte sua, um amigo muito especial que *sempre* tem estado com você, desde *que* você nasceu e talvez antes de nascer. Por isso é seu amigo, gosta de você, ele o ajuda e o anima quando você *precisa dele*, é uma parte sua que diz "você pode!" Como *esse dia* em que você ganhou a corrida, lembra-se? Quando você achava que tudo estava perdido, que nunca conseguiria porque os outros eram mais fortes, de repente... *apareceu* essa parte, *dando-lhe* o ânimo e a *força* que você precisava para conseguir; você foi muito bem e ficou muito contente, é maravilhoso ter um amigo que lhe dê *valor* e força quando você mais precisa. Você consegue ver como é *essa parte* sua, esse seu amigo interior? Que forma ele tem? Que cor? Fique aí com você por um momento e ele vai lhe dizer como se chama.

– Já sei, *chama-se* "Meu *Eu*", e ele é bom e sabe muitas coisas.

– Perfeito, Mateus. Observe como ele já sabe do seu problema e tem a solução...

– Sim, Amanda. Ele disse que, quando eu tiver medo, devo ***falar com alguém mais velho e*** dizer o que está me assustando. Disse também que possa ***deixar de fazer as coisas que*** meu papai me disser para fazer e que ***me fazem sentir mal.*** Diz que essa ***é a solução.***

– O que mais "Meu ***Eu***" lhe disse?

– Disse que me acompanha sempre onde quer que eu vá, que vai estar comigo toda a vida e que há muitos animais na fazenda que podem me ajudar. ***Tenho certeza disso!***

– Isso é muito bom, seu "Meu Eu" é muito sabido, tem toda razão e sempre vai estar com você, como eu ***estou agora,*** dizendo a você o que fazer para ficar sempre ***protegido.*** Assim, continue respirando ***e*** veja como seu amigo "Meu Eu" lhe dá forças para que fique ***tranqüilo*** e cuide-se ***com completa segurança, e*** agradeça a "Meu Eu" por sua ajuda. Talvez ele possa lhe dar algo para que você se lembre que você pode se proteger ***em qualquer momento*** em que se sinta em perigo.

– Sim, Sim, Amanda, ele está me dando uma cobertinha azul muito suave, que me cobre todo, dos pés à cabeça. ***Sinto-me muito*** bem assim, bem coberto, bem protegido.

– E com essa cobertinha azul você pode aconchegar-se muito ***seguro e protegido,*** basta apenas imaginá-la quando sentir medo.

– Sim, posso fazê-lo. Que bom, Amanda! ***Sinto-me*** muito ***melhor,*** agora ***falando*** com você. Não estou mais assustado, ***a vergonha desapareceu***. Sinto-me ***bem,*** seguro e tranqüilo. Vou correndo encontrar-me com Lipe – e esticando-se o mais que podia, saiu ***rápido*** em busca de seu amigo.

Lembre-se sempre, todos temos uma parte em nosso interior que nos ajuda a continuar vivendo e *aprendendo* para vivermos melhor, e sempre nos dá o que precisamos em cada momento. Quando fechamos os olhos, colocamo-nos em contato com nosso interior e surpresa! Nós a encontramos e com ela a solução.

APÊNDICE
COMO ESTE LIVRO ESTÁ ESTRUTURADO

Cecilia Fabre

A *Fazenda Esperança* é um livro de trabalho pessoal profundo. Está escrito de maneira muito simples, para que tanto os adultos quanto as crianças possam utilizá-lo e aproveitá-lo.

Divide-se em 10 histórias que acontecem em uma fazenda. Cada história é um relato da vida pessoal de cada um dos protagonistas, relatos que nos levam a resolver questões da vergonha[1]. O título dos capítulos é mais do que somente um título; nele está a solução da dificuldade que se trabalhará e se resolverá à medida em que se vai lendo aquela história.

Há uma cadela, Amanda, que é cadela guardiã da fazenda.. Ela é uma boa companheira e guia para a transformação de suas vivências em cada história que você ler. Sempre estará ajudando você a resgatar os aspectos mais importantes de seu Ser, escrevendo juntos uma nova história em seu interior.

O primeiro capítulo é a história de **Branquinha,** uma ovelhinha que **é mais do que somente bonita,** e descobre isso em seu caminho. Tem vivido sob muitas expectativas sociais de seus pais, sabe perfeitamente o que deve fazer e como se comportar,

1. N.E.: Em espanhol, vergonha é um termo mais abrangente do que em português. Corresponde a uma emoção causada muitas vezes por culpa ou medo, que inibe e incapacita, podendo alcançar, em alguns casos, níveis considerados patológicos.

entretanto, isso a faz muito infeliz. Branquinha descobre que ela é mais do que "isso" que acreditava que devia ser.

Por não poder alcançar as expectativas de seus pais, sentia-se envergonhada e diminuída. A vergonha não permitia que ela expressasse suas emoções. Às vezes, acontece que a negação do que sentimos é tão forte que as emoções ficam guardadas, não as vemos ou não nos permitimos mostrá-las. Nós as escondemos e acabamos tentando nos mostrar mais do que somos, cheios de virtudes, narcisistas, o que atrapalha, de maneira significativa, nossa relação com os outros. Isso acontecia com Branquinha.

Com a ajuda de Amanda, Branquinha descobre o que ela é, o que ela gosta de fazer, indo além do que os outros esperam dela, podendo integrar, saudavelmente, estas duas partes em sua vida.

Quando o ciclo da vergonha é interrompido e os comportamentos associados a ela são enfrentados, nossa auto-estima começa a crescer.

A história seguinte é a de um patinho chamado **Pedro,** que se sentia diminuído e tinha muita vergonha de si mesmo por não saber fazer o mesmo que seus amigos, por não possuir as mesmas habilidades e destrezas deles ao brincar. Um patinho que teve muitos problemas de desenvolvimento (dislexia, problemas de coordenação, habilidade motriz principal, etc), razão pela qual, em algumas coisas, não era tão hábil como os outros. Sentia-se desprezado e agia se afastando, aumentando a sensação de incapacidade, anulando-se por completo, perdendo assim a capacidade de ver outras habilidades que possuía. Amanda o ajuda a descobri-las e a colocá-las em prática, conseguindo assim uma melhor interação com seu grupo de amigos. Pedro experimenta viver como alguém que é capaz de fazer coisas que os outros não podem. **Descobre** que todos nós somos diferentes e valiosos, que temos **habilidades** individuais que se tornam indispensáveis para se conseguir um melhor trabalho em equipe.

A terceira história é a de Vicente, um potro com defeito em suas patas que o impedem de fazer muitas coisas. Ele leva consigo a culpa por ter decepcionado seus pais que esperavam ter um filho perfeito. Esta situação o fez se afastar dos demais, evitava falar sobre o que sentia, guardava isso como um grande segredo. Aprendeu que não é permitido se sentir mal, não falava e estava cada vez mais envergonhado de si mesmo. Quando nos colocamos como responsáveis por uma situação que não podemos mudar, mas temos que conviver com ela, internalizamos a responsabilidade, fazendo-a nossa, e a vergonha continua. Quando nossos pais sentem vergonha ou culpa por algo que não puderam evitar, guardam isso em segredo e a vergonha fica perpetuada nos filhos.

Pedro, que já aprendeu a falar o que sente, aproxima-se dele para ajudá-lo. Com a ajuda do seu amigo, o pato, Vicente descobre a força que o ajuda a sobreviver a uma situação tão difícil, a caminhar e a se levantar, sempre, depois de cada queda, independente da dificuldade que suas patas tenham para fazê-lo. Isso faz com que cresça em Vicente a esperança, indispensável para se caminhar pela vida. Além disso, aprende que o que ele sente é normal e digno de admiração e, portanto, é válido falar disso. Acaba com o segredo que só o fazia perpetuar a vergonha e, assim, orgulha-se de si mesmo.

Nesta história, **Vicente vai em frente,** e assim você também pode fazê-lo.

Seguimos com a história de Lipe, um porquinho que assim como você, trabalhará para resgatar a confiança em si mesmo, essa confiança que, às vezes, é perdida por viver constantemente experiências constrangedoras. Com Lipe, acontecia algo que aconteceu ou acontece com muitos de nós nesta sociedade que exige que sejamos ou atuemos de uma determinada maneira. A partir dessa exigência, nada que façamos é o bastante para satisfazer as expectativas dos outros, nada é suficiente dentro de uma competição permanente, onde se busca humilhar para sobressair.

Lipe tem um corpo gordinho e é vítima das chacotas dos outros. O sentimento de vergonha invadiu tanto seu Ser, pesa-lhe tanto, que perdeu a **fé** em si mesmo. Considera-se um tolo. Os outros percebem e o molestam e isso alimenta mais o seu sentimento de ter pouco valor. Tem medo de enfrentar os outros e sua pouca confiança não lhe permite conviver saudavelmente com eles.

Amanda o ajuda a resgatar sua confiança e seu valor, a apagar seus temores.

O quinto capítulo é o de **Zeca, seco,** um cachorrinho que apresenta problemas de enurese (molha a cama). O objetivo dessa história é ajudar você a entender a forma como esta situação, que é motivo de vergonha para os pais, torna-se uma situação vergonhosa para o filho e como a atitude inadequada (surras, castigos, censuras...) pode fazer com que a criança se sinta sem valor e incapaz de enfrentar os outros, o que novamente cria um círculo vicioso, que além de não ajudar, dificulta a solução da enurese.

Esse tipo de situação também cria dificuldade para os pais, que sentem-se questionados em sua função de ensinar. Atribuem a si o êxito do filho, mas também o fracasso e se qualificam perante a sociedade, como pais, por aquilo que seus filhos vão conseguindo fazer. Este tipo de vergonha mal trabalhada pelos pais desencadeia aborrecimento e intolerância que, ao não ser trabalhada adequadamente, influi na auto-estima do filho. Castigam, gritam, mas, poucas vezes, conversam sobre o que ele está sentindo. Estas atitudes reforçam o sentimento de vergonha, tristeza e aborrecimento. Cria-se um sentimento de vergonha muito grande e gera-se a culpa que leva ao fracasso e à autodepreciação. Amanda ajuda Zeca e sua mãe a enfrentar esta situação, mostrando que o que acontece é normal, e dando a Zeca instrumentos para recuperar sua confiança, resolvendo assim sua enurese. Quando nos sentimos envergonhados, ajuda muito saber que essas experiências são comuns, que podemos fazer alguma coisa, que muitos de nós já vivemos a solução. Resolver a situação agora pode ser bom para nosso desenvolvimento, e faz com que aprendamos novas formas de viver e de perceber as dificuldades que enfrentamos em nosso crescimento.

Com **Régis,** o pavão, você poderá trabalhar os sentimentos de vergonha que surgem ao viver as diferenças de gêneros. Ser diferente dos outros é comum, e, além disso, é um tema muito difícil nessa sociedade que só nos permite estar, fazer parte, quando nos comportamos e agimos segundo as regras de nossa cultura. Ser diferente dos outros é considerado como anormal.

O sentido de pertencer ao grupo, para o ser humano, é um valor que engrandece. Significa ser aceito porque sou quem devo ser, entretanto, esse dever vem do exterior. Algumas vezes, você já se perguntou: quem sou eu? Todos nós nos parecemos em algum aspecto, entretanto, sempre existem diferenças que nos fazem únicos e singulares. Valorizá-las é muito importante, permite-nos ser felizes, desfrutando o que somos. Ser diferente de todos, ou seja, ser único é nosso grande valor. As nossas diferenças ensinam aos outros e as dos outros nos ensinam. Se não descobrimos nosso Ser único e diferente como algo maravilhoso, e perdemos o contato com ele, continuaremos tentando nos encontrar nos outros, sendo como eles, e estaremos condenados a sentir vergonha. Por que? Porque é impossível ser igual. Nem sequer um clone conseguirá, ficará parcialmente idêntico. O corpo pode ser reproduzido, o Ser não, é impossível, porque ele se constrói através de nossa relação com a vida, com o meio. **Régis** aprendeu a apreciar seu Ser e descobre junto com você que a diferença é uma virtude. Ser diferente **é** ser **como todos**. Convidamos você a que, uma vez que descubra aquilo que faz você Ser diferente, compartilhe com os que o rodeiam, é um presente maravilhoso que você pode dar a eles. Aprender com as diferenças nos engrandece como Seres humanos.

A história d**os irmãos Frango,** é uma história muito interessante na qual se trabalham as dificuldades de inserção social que aparecem quando se chega a um lugar, a uma cidade, a um país, ou simplesmente vamos para uma escola onde não conhecemos os costumes e maneiras desse novo lugar. Se, além disso, chegamos nesse lugar meio obrigados pelas circunstâncias, o sentimento de vergonha ou culpa, o medo do desconhecido, do novo, o não saber como lidar com o novo ambiente, colocam-nos em uma posição de desvantagem. Sou diferente, desprezo antes que me desprezem, antes que percebam que não sei fazer o que eles fazem. Nesta sociedade, é muito importante saber e fazer o que os outros sabem e fazem. Não saber lidar com as emoções de vergonha que se desencadeiam nesta situação faz com que estes sentimentos se transformem em agressão e chacota, o que alimenta o mais temido, o desprezo dos outros, com o que me sinto cada vez mais desvalorizado. Outra vez, se os limites entre o meu atuar e o meu Ser não são claros, então eu assumo que sou pouco valioso, pouco digno, mal, por não ser como os outros. Com a ajuda de Amanda, os irmãos Frango e você **encontram apoio,** resgatam suas emoções, compreendendo-as, acomodando-as e usando-as, saudavelmente, para melhorar sua relação com os outros.

Cacá Canário, é um canário que vive com um pai alcóolico. Não entende o que está acontecendo com seu pai, porque se comporta de maneira tão estranha. Quando se aproxima dele para tentar compreender, o que vê e escuta faz com que se sinta culpado do que está acontecendo. Geralmente, o alcóolico não reconhece que tem um problema e culpa os outros. O alcoolismo deixa a família numa situação tão constrangedora que tentam esconder, acobertar. Cacá, o canário, sentia-se muito culpado de algo que não compreendia e assumia que ele era o responsável. Seu pai o agredia física e verbalmente, o que aumentava seu sentimento de menosprezo por si. Sua mãe, que certamente também sentia-se culpada e envergonhada pelo alcoolismo do marido, fingia que não acontecia nada e pedia a Cacá que fizesse o mesmo, que escondesse. Isso aumentava em ambos o sentimento de responsabilidade e incapacidade de fazer qualquer coisa a respeito. A exigência de não se falar sobre isso e a ansiedade que produzia eram tão fortes que Cacá começou a não conseguir falar, começou a gaguejar. Ler esta história vai servir para você reconhecer novamente a importância de expor suas emoções, de aceitar o que sente como coisa normal e de distinguir claramente que há coisas, situações, que são de responsabilidade dos outros. A co-dependência em uma família com algum membro alcóolico é resolvida no momento em que tiramos de nós a responsabilidade dos atos do outro. Podemos compreendê-lo, mas não somos responsáveis pelo seu jeito de ser. E ter esta clareza nos permite nos desconectar emocionalmente de um problema que não podemos resolver e recuperar a tranqüilidade e confiança em nós mesmos. Permite-nos trabalhar com mais clareza o que realmente estamos sentindo, e é normal sentir, por viver esta situação em casa: nossa tristeza ou aborrecimento.

Com Cacá, o canário, você aprenderá a distinguir o que é seu e o que é de outros. Isso é sumamente importante em qualquer ser humano, quando os limites entre o Eu e o que é Não-Eu não estão claros, aparecem os problemas. No caso da história, a gagueira.

Seguimos com **Anita,** uma tartaruga que **não se limita** a partir da descoberta que cuidar de si, sozinha, é muito importante e valioso. Mais uma vez, são trabalhados aspectos que geram a vergonha, como não poder fazer o mesmo que os outros, não ter as mesmas habilidades, etc. Porém, aqui se trabalha outro aspecto que é importantíssimo: o fato de que cada família tem sua própria experiência e maneira de atuar com relação a seus filhos. Anita é uma tartaruguinha que sempre teve que se virar e aprender muitas coisas sozinha, como acontece quando nascemos em uma família como a das tartarugas.

Junto com Anita, você descobrirá como, o que até agora você achou que era inadequado em sua pessoa, o que tem sido pesado e o que faz diferente dos outros, pode ser uma vantagem. Isso é o que Anita descobre sobre seu casco. Quando vemos apenas um lado das coisas, nosso olhar é incompleto e limitamos nossa vida. Acreditamos que para ficarmos bem, só podemos ser de uma maneira; assim surge a vergonha de ser quem somos, que nos limita para desfrutarmos as vantagens de ser eu, diferente, cheio de habilidades e capacidades. E o que, a princípio, parece uma desvantagem, é apenas uma questão de não se limitar. A vergonha desaparece quando descubro que sou único e capaz, com vantagens que me ajudam a viver desfrutando, quando descubro que o que sou é valioso.

Para isso, é importante distinguir quem sou eu do que creio que sou, porque me disseram que devo ser "esse", ou porque me disseram que "esse" sou eu. Desde que nascemos, começamos a receber rótulos a respeito de quem somos. Nossos pais criam expectativas sobre nós e nos olham com uma visão limitada, a partir de onde conseguem nos ver. Os amigos, os professores, a sociedade, enfim, todos se encarregam de nos dizer quem somos e como deveríamos funcionar, de maneira que é importante poder distinguir quem sou eu independentemente do que os outros dizem que sou ou que deveria ser. Uma maneira muito fácil de saber quem é você realmente, é se perguntar sempre que possível: faço isso por que quero ou por que devo? Isso me agrada ou me perturba? Sinto-me feliz aqui ou estou incômoda, incômodo...?

Quando você não estiver feliz com você mesmo, pergunte-se sempre: estou sendo quem eu realmente quero? Estou sendo quem sou?

Quando descobrir quem você é e as vantagens de ser assim, poderá desfrutar de todas as suas capacidades e virtudes, poderá ir e vir tranqüilamente e até brincar de ser quem deve ser, sem deixar de Ser você mesmo, você mesma. Isto fará com que a vergonha em seu SER desapareça.

Por último, aqui, neste livro, trabalha-se uma situação muito delicada. Se você já sofreu abuso ou conhece alguém que já o tenha vivenciado, é muito importante trabalhar isso. Quando uma experiência desse tipo não é bem conduzida, pode aniquilar quase por completo a auto-estima de qualquer pessoa, enchendo-a de culpa e de sentimento de vergonha.

Mateus é um gato que foi abusado**, aprende** junto com você, de uma maneira confortável e protegida, o que é importante aprender dessa experiência tão difícil, para acabar com esses sentimentos de vergonha que, até agora, perturbaram sua felicidade.

Aparece uma grande confusão de emoções na pessoa que vive o abuso. Quando é cometido por um parente, a confusão é ainda maior para quem sofre o abuso: "Alguém se aproxima procurando ganhar sua confiança, às vezes, sendo muito gentil ou dando-lhe presentes ou prometendo coisas, às vezes, simplesmente porque o ama, simplesmente por ser seu filho ou seu parente. Mas esta pessoa não me ama apenas, mas me ofende, machuca-me, violenta-me fisicamente. Como alguém pode me amar e ao mesmo tempo me machucar?"

Aqui aparece a primeira confusão onde se cultiva e cresce a culpa: "não sou tão bom, por isso me machuca" ou "eu o provoquei, sou responsável (culpado) disso que está acontecendo". O agressor se aproveita desta situação para, também, além de ameaçar a vítima para que não conte: "se você contar, sua mãe morre, se ela souber eu desapareço". Com essa grande carga de culpa, a criança não pode se mover, falar nem dizer nada, guarda seus sentimentos de dor e de ódio, que alimentam ainda mais o sentimento de vergonha e culpa. Uma criança machucada, sem possibilidade de falar e pedir ajuda para se tratar e curar suas feridas, reage como qualquer alma ferida. A princípio, agredindo qualquer pessoa que se aproxime, porque está dolorido e mais tarde começa a perder interesse pela vida, sem desfrutar, e agredindo continuamente, como uma forma de autodefesa, para evitar ser molestado novamente ou ser tocado em suas feridas, e que voltem a doer.

Mas nem tudo está perdido, todos nós temos tendência a crescer, a procurar ficar bem com a vida, temos uma Parte Sábia que nos ajuda e nos leva pela mão para conseguir esse crescimento e esse estar bem. Caso tenha vivido uma situação assim, use-a agora para reconhecer o caminho que levará você a sentir-se melhor. Você pode aprender **a se proteger**. Permita-nos acompanhá-lo, ajudá-lo a curar suas feridas, compartilhando com você algo que você precisa saber para que tudo cicatrize muito bem e você se fortaleça.

Você conseguiu sobreviver e, hoje, procura ficar bem. É por isso que está lendo estas linhas que, carinhosamente, escrevemos para você e para outros a quem possam ser úteis. Assim, observe como estas feridas vão cicatrizando conforme você vai lendo a história de Mateus.

Lendo as histórias, você irá aprendendo algo realmente transcendente em sua vida, a importância de entrar em contato com suas emoções e de poder se comunicar com elas.

A doutora Teresa Robles tem comentado em vários de seus trabalhos o fato de que, por trás de toda patologia, está a incapacidade de reconhecer nossas emoções. Distingui-las, evita que fiquem guardadas e que adoeçamos, evita, como no caso de Mateus, que você se deprima ou repita o papel do agressor.

Outro ponto muito importante para alcançar a saúde emocional é reconhecer a necessidade de se comunicar. Esta sociedade nos convida a esconder o que sentimos, ensina-nos a sentir vergonha do que somos, ela nos diz que não devemos mostrar os sentimentos, que isso nos faz vulneráveis, que a razão sempre deve imperar sobre o sentimento. A única coisa que conseguimos com isso é novamente guardar nossas emoções, mas, além disso, perdemos a oportunidade de que outros nos ajudem a ver caminhos diferentes que nos permitam nos sentir melhor. É indispensável que aprendamos a nos comunicar conosco (reconhecer o que sentimos) e com os outros saudavelmente (falando daquilo que sentimos).

Ainda há algo mais que é igualmente importante: a incapacidade de desfrutar. Aprender a desfrutar tudo o que acontece na vida é básico para a saúde do ser humano.

Assim convidamos você a ler este livro, se é que ainda não o leu, e se já leu, volte a ler quando você precisar, pouco a pouco, em seu ritmo. Sempre descobrirá alguma coisa nova, trabalhando com seu Ser, crescendo, aprendendo e desfrutando da vida, orgulhoso e satisfeito de fazê-lo.

SOBRE AS AUTORAS

Ana Castanedo

Graduação e Psicologia Clínica (1977-1982) ANAHUAC
Mestrado em psicologia clínica (1990-1992) UNAM
Formação em Terapia familiar e de Casal (1992-1994) IFAC
Formação em psicoterapia ericksoniana (2000-até esta data) IMHE

Esther Rocha

Psicoterapia Junghiana, Gruppo G. Draghi, Florença, Itália
Psicoterapia de Crianças e Adolescentes, Centro Studi, Milão Itália
Psicoterapia de Família, IFAC, México, D.F.
Especialização em Técnicas Hipnóticas, Centro Ericksoniano, Cuernavaca, México

Miriam Shalkow

Grad. em Psicologia.
Especializações em Terapia Familiar e de Casais.
Treinamento em Hipnose Ericksoniana.

Letícia Tayabas

Grad. Em Psicologia (UNAM)
Especializações em Terapia Familiar (FAC) e em Adições (Universidade de Rutgers) Atualmente trabalha como psicoterapeuta na Clínica ADC Cantú em Cuernavaca e com consulta particular. Formada em Hipnose Ericksoniana (CEC).

Sally Witemberg

Graduação em Psicologia Clínica, (UIA). Mestrado em psicoterapia, (UIA). Especialização em terapia familiar, (IFAC). Formada em hipnose ericksoniana, Instituto Milton h. Erickson de Cuernavaca. Atendimento particular.

EDITORA DIAMANTE

CONHEÇA OUTROS TÍTULOS DA EDITORA DIAMANTE:

ABRINDO PORTAS COM AMOR

Angela Cota e J. Augusto Mendonça

"*Abrindo Portas com Amor* é um livro dirigido aos pais onde, através de relatos simples, sobre temas universais, Angela e J. Augusto oferecem aos pais exemplos práticos e dicas úteis para enfrentar situações do dia a dia.

- Teresa Robles, México

Há pessoas que querem ser pais. Há pessoas que têm vocação para serem pais. Há pessoas, e são muitas felizmente, que, sozinhas ou unidas, se dispõem a cuidar, a nutrir, a formar, a ajudar a crescer. Essas pessoas se sentem satisfeitas por verem o outro se fazendo feliz.
Este livro não é uma obra do acaso. Ele traz uma mensagem universal: o amor. Leia-o. Leia com carinho. Leia com amor. E se disponha também a ajudar. E se disponha a fazer alguma diferença aqui na terra, no nosso planeta, no nosso país, no nosso estado, em nossas cidades, em nossos lares.

COMPREENDENDO A DEPRESSÃO

Michael D. Yapko

Este livro é composto por 75 perguntas que apresentam, em linguagem simples e objetiva, descobertas recentes da pesquisa sobre depressão relacionadas ao cotidiano de todos nós.

Compreendendo a Depressão espera despertar no leitor um entendimento de como a depressão nos afeta para, dessa forma, poder lidar com a própria depressão ou ajudar outras pessoas a lidar com sua depressão.

TERAPIA FEITA SOB MEDIDA
Teresa Robles

Este livro é a transcrição de um seminário realizado pelo Dr. Jeffrey K. Zeig, PhD, em que nos ensina a fazer uma criteriosa avaliação para determinar os rumos do processo terapêutico, apresentando as técnicas a serem usadas e, finalmente, ensinando como conduzir o processo de terapia para que ele seja experiencial e para que as intervenções sejam efetivas. Ao longo do livro ele vai ensinando os terapeutas a fazer uso do princípio de utilização de forma prática e elegante.

GRUPO DE CRESCIMENTO
Teresa Robles

Grupo de Crescimento, o sexto livro da Dra. Teresa Robles em Português, pode ser considerado um pioneiro do trabalho Ericksoniano com grupos. Nele, a genialidade da Dra. Teresa Robles se faz presente, ampliando, avançando dentro do legado de Milton H. Erickson.

A experiência do trabalho com Grupo de Crescimento no Instituto Milton H. Erickson de Belo Horizonte tem alcançado resultados excelentes. Os clientes falam de mudanças muito significativas em suas vidas. Os exercícios trabalham o simbólico, metaforicamente, de forma indireta e as mudanças ocorrem internamente.

AUTO-HIPNOSE
Aprendendo a caminhar pela vida
Teresa Robles

Este livro inicia uma série de MANUAIS DE AUTO-HIPNOSE.
Está escrito para se ler desfrutando, sem esforço. Está escrito para se ler desde a introdução. Já, desde aí, começa a falar coisas que são úteis para você *ir aprendendo a caminhar pela vida*. Mas, você pode, também, começar por qualquer lugar. Ele foi escrito para lhe dar ferramentas seguras e naturais, para que *você viva desfrutando mais cada momento*. De fato, você já conhece essas ferramentas, você as tem usado de alguma maneira, sem sabê-lo. Neste livro, a autora ensina a utilizar as ferramentas, para que você possa fazê-lo quando você necessitar, em sua vida diária.

REVISANDO O PASSADO PARA CONSTRUIR O FUTURO
Teresa Robles

Este é um dos livros da série de MANUAIS DE AUTO-HIPNOSE.
Ele surge de um ensaio autobiográfico, em que Teresa compartilha conosco suas experiências de vida e suas aprendizagens nas várias fases de seu processo de amadurecimento psíquico. Este também é um livro de auto-hipnose que convida o leitor a olhar para dentro de si mesmo, a cada linha, a cada exercício. Os exercícios estão esboçados para colocar você, de maneira eficaz, em contato com seus recursos internos, para abrir portas e encontrar caminhos e, assim, resolver as dificuldades pendentes, saudavelmente, protegidamente.

RESGATANDO A MAGIA DA VIDA

Joyce C. Mills

Uma borboleta não nasce borboleta. Assim como a lagarta aguarda o momento certo para sua transformação, nós também precisamos de um tempo para nos preparar para a mudança. Começamos a nos sentir mais seguros com as aprendizagens e habilidades que temos dentro de nós, dentro do nosso próprio casulo e a transformação interior acontece. Podemos dar aquele salto de fé para mudarmos de emprego, matricular naquele curso que pensávamos faz tempo, iniciar uma nova amizade ou relação, ou fazer uma viagem há muito tempo desejada. Qualquer que seja a ação exterior almejada, estamos prontos para voar com nossas asas de segurança e coragem.

A MAGIA DE NOSSOS DISFARCES

Teresa Robles

Nesse livro, a Dra. Teresa Robles descreve a magia e os limites de nossos disfarces e mostra que o importante não é tanto nos livrarmos deles, mas sermos capazes de mudar de disfarce de acordo com os contextos específicos de cada momento de nossas vidas. Se a terapia é a experiência que nos ensina a usar disfarces apropriados nas diferentes situações que a vida nos apresenta, o terapeuta deve aprender, ele mesmo, a fazê-lo. Este é um livro que realmente pode ajudar um terapeuta a adquirir a maestria de tal arte.

CONCERTO PARA QUATRO CÉREBROS EM PSICOTERAPIA

Teresa Robles

Este é um livro sobre saúde mental, não sobre psicopatologia, que nos ensina a buscar soluções e novas opções para gozar de uma vida plena e frutífera. O método e as técnicas hipnóticas que aprendemos em suas páginas pressupõem uma abertura mental no leitor, um desejo de transcender métodos e técnicas já familiares e freqüentemente usados. É um volume otimista, orientado para a prática clínica, escrito com clareza, calor humano, respeito ao indivíduo e sem as complicações com que muitos autores de psicologia torturam a seus bem-intencionados leitores. É uma obra-prima da abordagem ericksoniana, já tendo sido traduzido para o inglês, o francês e para nossa língua.

HOMENAGEM A ELIZABETH MOORE ERICKSON

Mulher extraordinária, profissional, esposa, mãe e companheira.

Marilia Baker

Contar histórias é uma arte. Ser transformado por elas é um privilégio. Marília Baker segue com maestria os passos de Elizabeth Moore Erickson e de Milton H. Erickson, ao escrever esta obra. E nos presenteia com um relato que nos remete à nossa própria história, aos nossos sonhos, aos nossos desafios. Uma história de pessoas com valores muito nobres, de esforços e conquistas, de companheirismo e cooperação, com uma visão positiva da vida e uma maneira de encontrar soluções produtivas e inovadoras para os problemas cotidianos, sempre acreditando que se pode aprender muito com essas situações que a vida nos apresenta.

EDITORA DIAMANTE
Para saber mais sobre nossos títulos e autores ou nos enviar seus comentários sobre nossos livros entre em contato:
Telefone: (31) 2515-6070 - Fax: (31) 3344-8447
E-mail: diamante@ericksonbh.com.br

Este livro foi impresso
em papel Offset 120grs
na Artes Gráficas Formato.